五百羅漢納吉祥（下）

國泰祥　編著

文物出版社

梵音天尊者

梵音天尊者，爲佛陀的侍者。

相傳尊者爲印度的創世神，生於金胎梵卵，卵殼成兩半，一半化爲天，一半變成地。他創造了三千大千世界裏的衆生、魔鬼與災難。佛祖釋迦牟尼從兜率天降生人世時，梵天是釋迦侍者，手持白拂在前引導。佛祖成道後，成爲釋尊的弟子，施舍出自己的宫殿，請佛祖在殿内爲諸天神說法，他自己則成爲佛教的護法神。大梵天能發出五種聲音，聲音曲折微妙，清浄悦耳，用這樣的聲音誦經，宣揚天上正法，使聞者歡喜，易於從中領會佛教清浄奥妙的道理。據說佛教法會開始時，衆僧咏頌如來妙色金身，讚嘆佛祖的大德，使衆人聽後心身寂静，肅然起敬，這一儀式便是由大梵天延續而來的。

因地果尊者

因地果尊者，因德行而得名。因地，爲果地之對稱。地者，位地、階位之意。是指修行佛道之位；果地，則指成佛之位。

尊者自幼聰明，具有慧根，成爲佛家弟子後，發誓永生與佛同在，並期望達到佛和菩薩那樣的果位。因此他誠心修習大乘之行，兢兢業業，時刻不敢懈怠，終於修習到了菩薩果位。

五百羅漢第二五三尊

覺性解尊者

覺性解尊者，佛之弟子。覺有二義：一爲覺悟之覺；二爲覺察之覺。覺是佛教中最高的思維與認識能力。

《大乘義章》卷二十記載，覺有兩種含義：其一爲覺悟之覺。衆生受世俗情感的遮障，其智慧處於昏漠如寐的狀態，有朝一日，聖慧萌動，則幡然大悟，如夢方醒，頓時明了世間的真理；其二爲覺察之覺。世俗的情感使人易生無量的煩惱，諸多的煩惱如同盜賊一樣時時蝕害衆生，唯有明達的聖賢方能覺察到煩惱的危害及避免的方法。佛祖悟得世間的大道，爲衆生指明了解脱的方法，故被稱爲「覺王」、「覺皇」。覺性解尊者根識清净，見聞佛法，便能理解其中的道理，洞開真智，了達通悟，並能勤行精進，遠離一切迷妄，自始至終，堅持不懈，達到了既能覺己，又能覺人的精神境界，證得羅漢果位。

精進山尊者，因德行立名。精進爲勇猛、毫不懈怠之意。

佛對精進有許多具體說法，如《成唯識論》卷九謂有三種精進：一被甲精進，即被菩薩大勢心之甲，不畏懼種種難行；二攝善精進，即勤修善法而不倦；三利樂精進，即勤化衆生而不倦。精進山尊者正是這樣一位自强不息的佛家弟子，他艱苦修習佛法，就像登山一樣，境界不斷提高，後證得阿羅漢果。

五百羅漢第二五四尊

五百羅漢第二五五尊

無量光尊者，即甘露光菩薩，密號大明金剛、離染金剛，賢劫十六尊之一。

尊者精通顯教教義，熟悉各種戒律，同時通達密宗各種教法，能解釋秘密真言的含意，隨心所欲地進入各種禪定，並體會出不同禪定的微妙之處。無量光菩薩心懷慈祥。將顯密兩宗的知識傳授給弟子，憐憫衆生的苦難，以自身的神通法力求護有情，使他們獲得幸福與圓滿。無量光菩薩呈現金剛身，摧破一切外道，除滅一切邪見，消滅世間的一切兇惡鬼。世界從虛無變爲實有，又從實有變爲虛無，無論經過多少次反復的變化，無量光尊者都誓願使佛法流傳不息，永不改變，永不動搖。

不動意尊者

不動意尊者，佛之弟子。

《摩訶止觀》卷二上曰：「對境覺知，異乎木石，名爲心；次心籌量，名爲意。」意，即是心在對事物直觀感知的基礎上的思考。不動意，即意不動，即入於禪定，心如止水。這裏意仍指意志力。

尊者求佛之心堅固不動，以禪定爲修行途徑，常使意志定於一處，任何外物皆不能動。因此，供奉此尊者，可修身養性，培養和煅煉自己的意志。

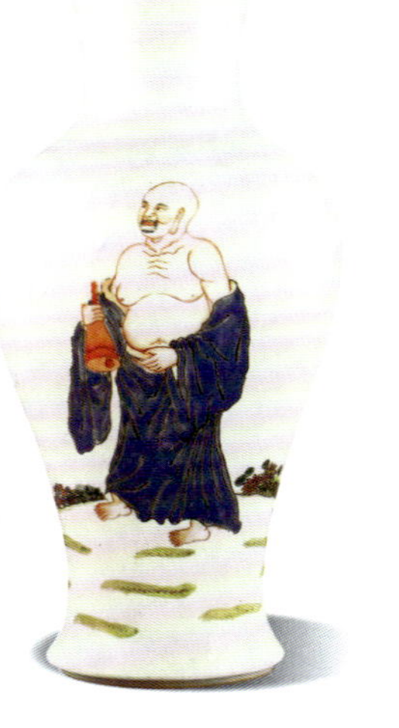

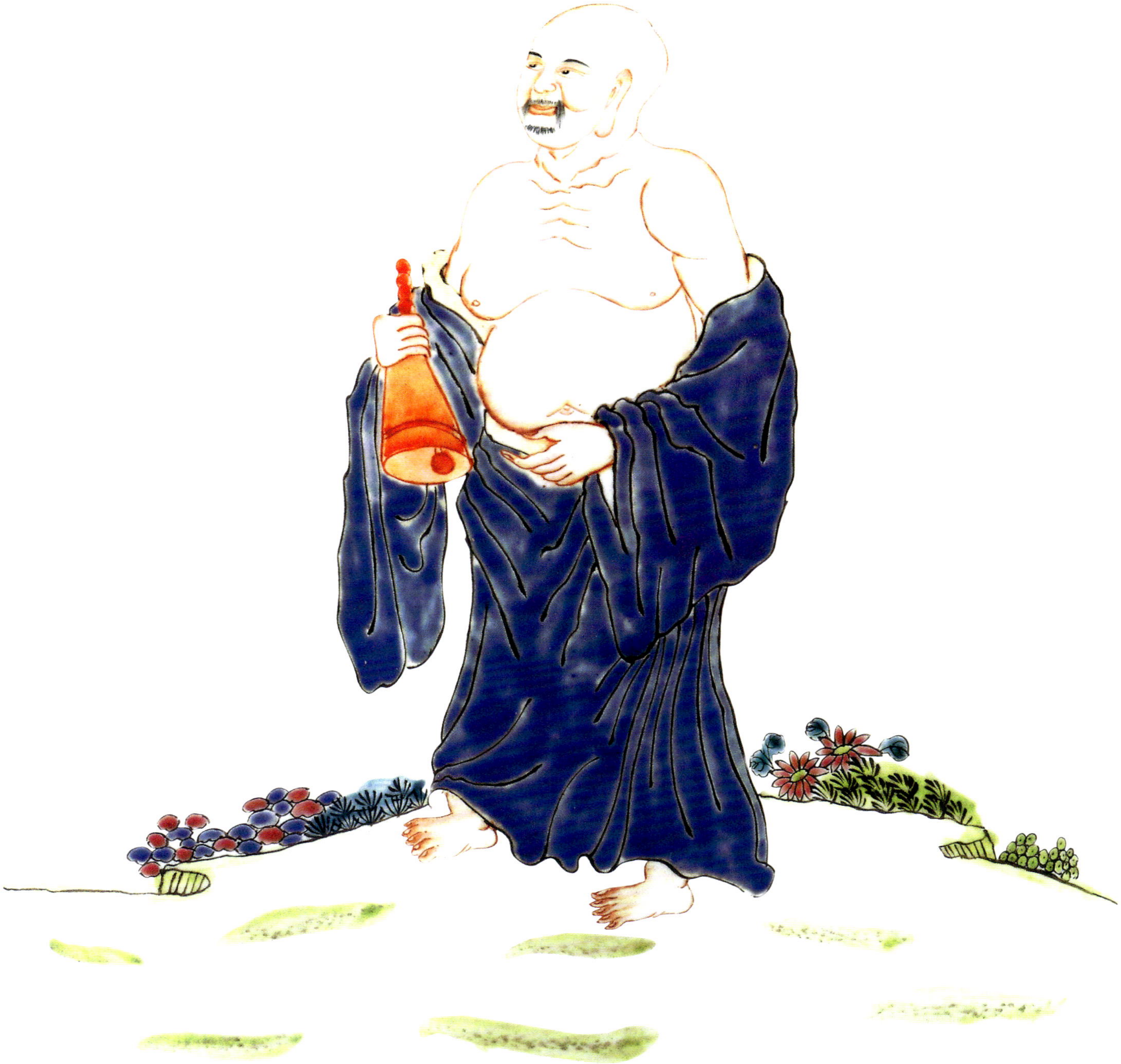

五百羅漢第二五六尊

修善業尊者，佛祖釋迦牟尼前世身，名善事，爲寶鏡王長子。

據《賢愚經》卷九記載，很久以前有一寶鏡王，有二個兒子，長子名善事，次子名惡事。二人奉王命一起入海求寶，在回歸的路上，惡事貪圖財利，將善事的雙目刺瞎，奪取寶物，丢弃善事，獨自回國。然而善事積有歷代善行功德，盲目不治而愈。他空手返回國内將此事告之父王，寶鏡王聞知此事大怒，決意要治惡事之罪。善事歷世以來廣修善業，不但施善於善良衆生，也施善於罪惡之人，在他的再三請求下，寶鏡王赦免了惡事的罪過。善事太子後來轉生爲釋迦牟尼，惡事太子轉生爲提婆達多。釋迦牟尼滅度後昇往忉利天，提婆達多因不修善業，墮入地獄。

阿逸多尊者，爲佛陀弟子之一。

據《未曾有因緣經》卷上記載，從前阿逸多是波羅捺波頭摩城窮人家的孩子。十二歲入山修道，聰明好學，五十年如一日，以高才智德名聞四方。阿逸多想賣身以報師父教養之恩，被師父勸止。不久，國王去世，阿逸多在爲選拔新王舉行的辯論會上舌戰衆人，大獲全勝，被立爲王，立即將師父迎進王宮供養，並堅持修道。其國與安陀羅和摩羅婆耶二小國毗鄰，安陀羅王久戰不能勝摩羅婆耶王，便以一百名美女和大量寶物爲禮，請求阿逸多發兵助戰，阿逸多被美女財寶迷住心竅，遂發大兵，導致大量傷亡，使國家大亂，並因而被殺，墮入地獄。在地獄中他深刻反思，潛心修煉，終於往生兜率天爲天王之子，最終證得阿羅漢果。

五百羅漢第二五九尊

孫陀羅尊者，又名孫陀利，生於舍衛城外一村落。

相傳尊者降生人世時，室內有泉水湧出，清香甘美，有珍寶隨水流出。孫陀羅容貌端莊，殊似天仙，觀者驚嘆，遠聞四方。波斯匿王認爲此事奇異，將他帶到迦蘭陀竹林拜見佛祖請其解釋原因，佛祖對波斯匿說：「過去世有一萬八千比丘在山林中修行，一長者將衆僧邀至家中，先備香水供衆僧沐浴，再設肴膳作爲供養，又將珍寶放在水盆中施給衆僧。長者今世轉生爲孫陀羅，前世的善緣今世得報，降生時泉涌香水，珍寶隨水而出，而且容貌端正，心性靈慧，得道迅速。」孫陀羅聞後又見佛祖光明似日，便伏身叩拜。佛祖爲其講解了四諦法，尊者聽後心開意解，當即出家爲僧，成爲佛祖的弟子，精修勤學，很快獲羅漢果位。

聖峰慧尊者

聖峰慧尊者，又作聖定慧。

《涅槃經》卷十一云：「有聖定慧故，故名聖人。」可見聖峰慧尊者因修持「定」而得「慧」。尊者以佛祖之智慧往來於衆生間，關心衆生疾苦，幫助他們求得精神上的永遠解脱。

五百羅漢

粉彩瓶

五百羅漢第二六〇尊

五百羅漢第二六一尊

曼殊行尊者，即文殊菩薩當世身。曼殊，又作滿濡、曼乳，爲妙德、妙吉祥之意，是四大菩薩之一。

據《華嚴經·菩薩住處品》記載：在震旦國東北方，有一個菩薩住的地方，名叫清凉山，從前許多菩薩都曾居住在這裏。現在有文殊菩薩與一萬衆菩薩住在此山。清凉山即今山西省五臺山。佛教認爲，一切菩薩都是如來法王之子，文殊菩薩位居衆菩薩之首，所以獨稱文殊菩薩爲文殊師利法王子。《放鉢經》認爲，文殊菩薩功蓋三世，過去諸佛都是文殊師利的弟子，現在諸佛因得到文殊的點化而成佛，未來諸佛也領受文殊菩薩的恩德，世間小兒都有父母，文殊則是佛教中諸僧衆的父母。他是智慧的化身，經常協同釋迦宣講佛法。

據説經常供奉此尊者，能爲子孫的學業和事業帶來好運。

阿利多尊者，又作阿利吒、阿栗吒等，古師子國僧人。

尊者初爲宮廷大臣，曾赴印度迎請阿育王之女僧伽密多，爲師子國女佛教徒授戒。後來皈依佛門，以摩陀爲師，學習律藏，被指定爲師子國佛教僧團領袖。據《十誦律》卷十五載，當佛陀率領徒衆在舍衛園時，尊者心生惡邪之見，云：「我如是知佛法義，作障道法不以障道。」佛聞知後，召集衆比丘，讓他們教誡其不得謗佛，結果仍不悔改。佛便令作羯磨擯懲治阿利吒，阿利吒回心向善，佛便令解除對他的懲處。從此，阿利吒精勤修行，持戒甚嚴，終於修成正果。

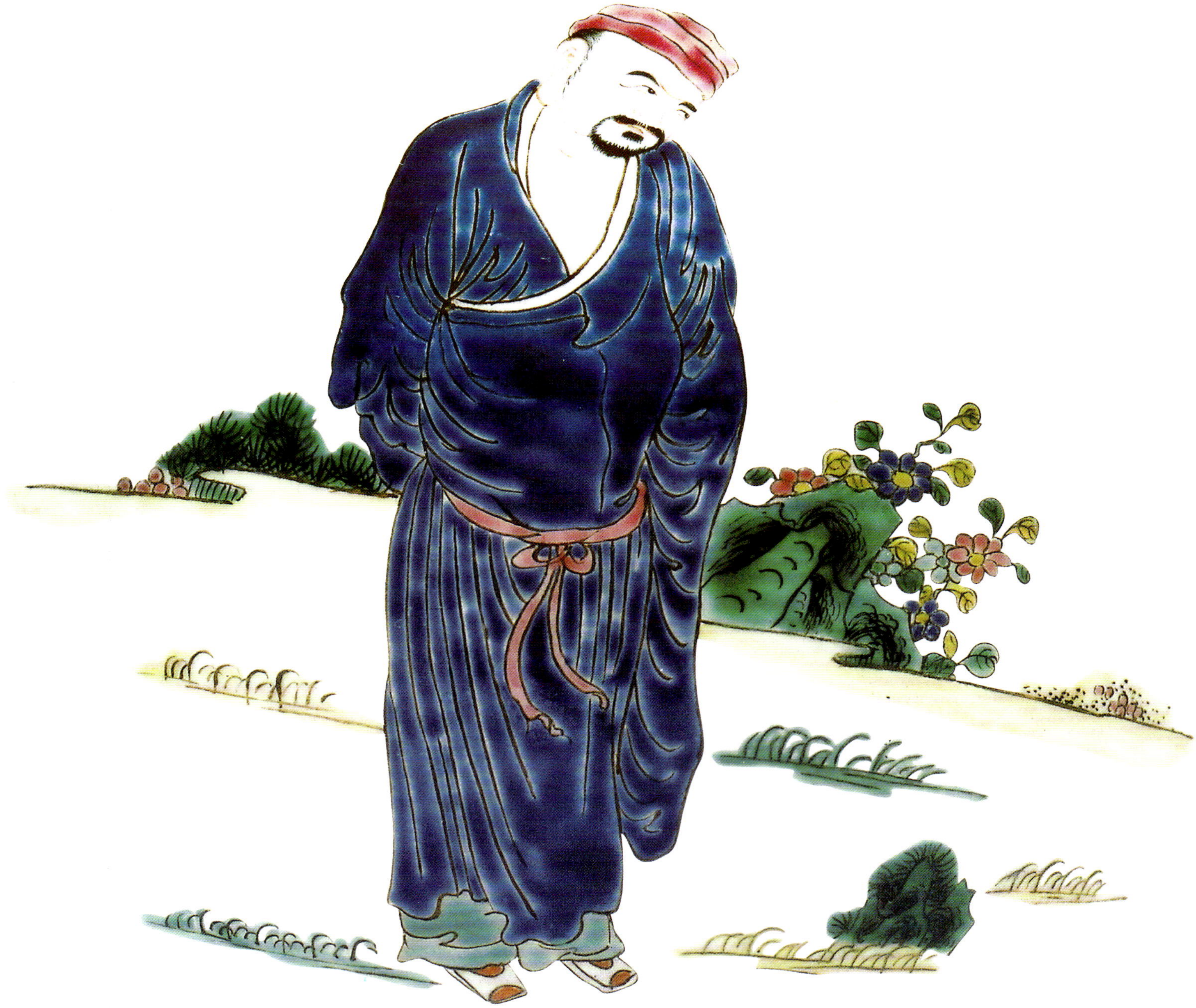

五百羅漢第二六三尊

法輪山尊者，爲十方諸大菩薩之一。

法輪尊者功德巍巍如高山，智慧深遠如大海，他具有無量的威力，能顯現出各種神通變化。他的恩德普照十方無量百千諸佛世界，一切大威德神、諸天龍、夜叉、乾闥婆、阿修羅、人類及非人類，都領受他的恩澤。

據傳信奉此尊者，會使自己得福得智，萬事如意。

衆和合尊者，佛之弟子。衆和合，即和合衆，也作合僧，謂比丘三人以上集同處、持同戒、行同道。

佛教把以手段使衆僧分離，稱爲破和合衆，屬於五逆罪之一。具體説來，和合分爲「理合」與「事和」二種，事和又可分爲六種，謂之「六和敬」：一身和敬，同禮拜等之身業也；二口和敬，同讚咏等之口業也；三意和敬，同信心等之音業也；四戒和敬，同戒法也；五見和敬，同空等之見解也；六利和敬，同衣食等之也。衆和合尊者善於促使衆僧聚居一起修持佛法，相互促進，同證道果。

五百羅漢第二六四尊

五百羅漢第二六五尊

法無住尊者

法無住尊者，即唐代高僧曇晟。俗姓王，生于唐德宗建中三年(公元782年)。法無自性，隨緣而起，因緣而化。無住，萬有之本，不生搬硬套之意。

相傳尊者少年時出家于今湖南石門，拜著名的百丈禪師爲師，法號曇晟。隨百丈禪師參禪二十年，仍不能悟透禪理。百丈圓寂後，師從藥山，藥山問曇晟：百丈大師講些什麼法？曇晟答道：一日衆弟子在講經堂上站定，百丈以手杖拄地，一語不發，站了一個時辰將衆人遣散。衆弟子將要出門時，百丈又將大家召回來，問這是什么禪？衆弟子不知其中的含意。藥山聞言大喜，説道：「今天通過你了解到師兄百丈的禪法。」曇晟聽完藥山的話，頓悟禪機，伏身便拜，感謝恩師的點化。藥山圓寂，曇晟繼承其衣鉢，住潭州（長沙市）雲岩寺，接引弟子，宣講禪機。

天鼓聲尊者

天鼓聲尊者，佛之弟子。天鼓，指置於忉利天善法堂之大鼓，此鼓由天之業報生得，不擊而能自出妙音，是佛法的象征。

據説，忉利天上有一座善法堂，其中有天鼓，不擊而自然發出妙音。當諸天衆放逸時，鼓聲便響起來，它昭示著色、聲、香、味、觸之五境無常，就像水中的泡沫、夢中的幻象、天上的浮雲、河中的月影一樣，皆非真實。據《法華義疏》卷一載，賊來賊去之際，天鼓皆鳴，而諸天心勇，修羅懼怖；衆生煩惱之應來應去，佛皆説法，而弟子心勇，諸魔懼怖。尊者已具深厚德行法力，他説法時，衆生如聞天鼓妙音，煩惱消退，如明鏡之臺，塵埃悉除。

相傳世人信奉此尊者，可消災除難，獲得戰勝一切困難的勇氣。

五百羅漢第二六七尊

如意輪尊者，又稱如意輪觀音，是六觀音之一。

佛教認爲，世間有情共分六道，衆生在六道中輪回轉生，六菩薩各解救一道的苦難，而如意輪菩薩專破天道惑業，解除天道衆生的痛苦，在專門供奉如意輪的佛堂内，尊者塑像爲六臂觀音，以表示如意輪的功德與誓願。

首火焰尊者即光焰幢菩薩，常參加釋迦牟尼佛說法會。

據《大方廣佛華嚴經》卷六十記載，佛祖在室羅筏國逝多林給孤獨園大莊嚴重閣說法，該菩薩即在座聆聽。尊者所行無礙，遍訪一切諸佛世界，供養一切諸佛，脫離一切煩惱蓋障，得大智慧。他的德行萬丈光明，照亮了衆生的心田，使衆生都得到解脫。

五百羅漢第二六八尊

五百羅漢第二六九尊

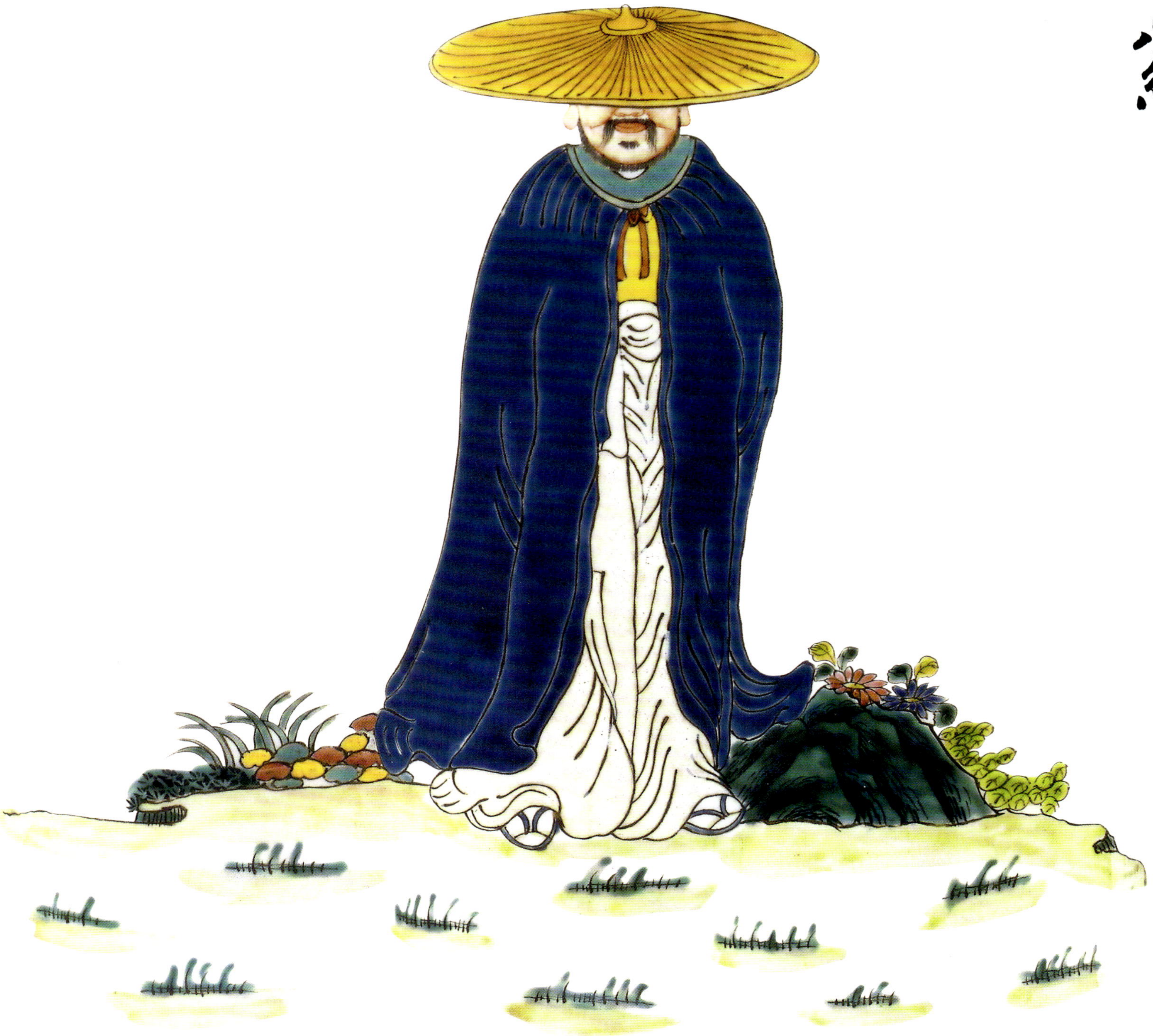

無比校尊者，古印度東方妙真珠國人。

據《佛說稱讚如來功德神咒經》記載，妙真珠國的現在世佛正遍知如來已經授記給無比菩薩，當正遍知滅度後，由無比菩薩居臨佛位，號稱：「毫相殊勝猶如初日，燈光月波，頭摩花身色如金，滿虛空界光明廣，大無礙莊嚴園光十方，普照一切無不明了，幢相旗王正遍知如來。」如果有善男信女誦念此佛名號，行禮參拜，意敬心誠，在十天之中反省自己的罪惡與過失，發誓改過自新，重罪可獲免除，後世可轉生到尊貴的家族，來世六根圓滿，品行端正，受到衆人的尊敬。如果有人想結交善良的朋友，不做惡而增值財產，業績昭昭而獲得榮位，祈求此佛，都能得到心滿意足的報答。

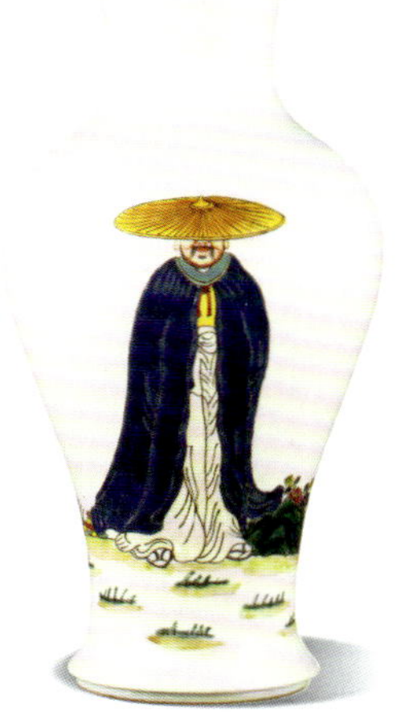

多伽樓尊者，又作多揭羅、多伽婁等。其意爲香名，香乃佛使，能將信徒之心通達於佛。

《最勝王經》卷七云：「零凌香多揭羅。」

《玄座音義》卷一云：「多伽羅香，云根香。」多伽樓尊者以德行得名。他誠心向佛勤修不懈，達到很高境界，因而身放異香。

粉彩瓶

五百羅漢第二七〇尊

利婆多尊者

利婆多尊者，佛祖的聲聞弟子，利婆多音譯「室星」，是天上位于北方的星宿。因其父母年老無子，祈星宿而得其孕，所以取以星名。

相傳尊者一天夜裏，看見兩個惡鬼爭食屍體，屍體被分割的粉碎淋漓，於是他認識到，世間的一切物體都是暫時結合在一起的，暫時的結合是假象，物質的實質是無數元素的分離，人不可貪戀一時一刻的存在，應追求永恒的真理，於是他出家爲僧，跟隨釋迦牟尼學習佛法。在諸弟子中，利婆多坐禪入定，心不錯亂，被稱作「坐禪第一」。據《引說廣博嚴浄不退轉經》卷第四記載，利婆多善於降伏惡魔，收伏外道，摧破佛教的一切怨敵，保護佛法不受破壞。

五百羅漢第二七二尊

普賢行尊者，即普賢菩薩。

在佛教中，普賢菩薩與文殊菩薩爲釋迦牟尼佛之二脅侍，普賢主一切三昧，文殊主一切般若。普賢菩薩以慈悲普度一切衆生，四川峨眉山爲其說法之道場。《華嚴經·普賢行願品》卷四十記載了其十大行願：禮敬諸佛、稱贊如來、廣修供養、懺悔業障、隨喜功德、請轉法輪、請佛住世、常隨佛學、恒順衆生、普皆回向。普賢行尊者以普賢菩薩之廣大行願爲自己的行願，力圖使衆生皆得度脫，使所有地方皆呈妙善。

五百羅漢第二七三尊

持三昧尊者

持三昧尊者，即三昧藏菩薩。三昧是佛教修煉心身的方法，是一切禪定的總稱，修行三昧可以獲得無窮的智慧與神通。

據佛學經典《守護國界主陀羅尼經》卷一記載，三昧藏菩薩堅持修煉楞嚴諸三昧門，通曉無染著陀羅尼真言，由此覺悟到佛學的真諦。他堅持修禪，獲知極高的智慧和神通，他智慧深遠，能追尋到一切事物發生的根源，展示事物未來的結果。他脫離了世俗，永遠沒有煩惱憂愁的困擾。他由諸三昧門獲得神通，可以隨心所欲地遍遊十方一切世界，來往於法界無邊剎海，以大慈大悲利益衆生，普度一切有情脫離苦海。三昧藏菩薩智慧廣大猶如無際的虛空，悟性深湛猶如莫測的大海，心性安穩不動猶如須彌山，清潔無染猶如白蓮花，內外清淨如摩尼寶，光明熾盛如同真金。

五百羅漢第二七四尊

威德聲尊者

威德聲尊者，即大威德王菩薩。爲密教五大明王之一，是西方阿彌陀佛的忿怒身。

據《十往生經》說，此王有大威德力，能斷除一切魔障，摧伏一切惡龍。如果衆生一心憶念阿彌陀佛，祈求往生極樂世界，阿彌陀佛便會派遣大威德王菩薩等二十五位大菩薩前去保護，使該人不受惡神惡鬼打擾，心離煩惱，日夜常得安寧，專心致志修習禪定，發菩提心。

五百羅漢第二七五尊

利德聲尊者，古印度拘尸那揭羅國長老，以遵循佛祖教誨聞名於世。

尊者爲佛滅後一百年的印度名僧，持戒嚴謹，德高望重。當時毗耶離國的比丘跋耆等違背佛祖制定的戒律，擅自制定「十事證言」，十事中認爲：凡屬習慣的行爲不算違背戒律，可以隨意吃鹽，可以隨時接受施主的食物，爲治病可以飲酒，可以接受金、銀、寶物等布施。有的出家人竟然手持金鉢，沿街挨户乞錢，多少不限。利德聲堅決反對破壞戒律的行爲，與上座部長老耶舍陀、三菩伽、沙羅等組織了佛教史上的第二次結集。與會者共計七百人，會上認定跋耆比丘的十事證言爲非法，維護了佛祖在世時制定的戒律。

名無盡尊者

名無盡尊者，佛之弟子。

名無盡是指所有可以因其名而想其狀者皆爲無相，亦即「諸法皆空」也，正如《維摩經净影疏》云：「諸法悉空，名爲無相。」據《大乘義章》等云：「涅槃之法離十相。」所謂十相，即色相、聲相、香相、味相、觸相、生相、住相、壞相、男相、女相。名無盡尊者即是達到無相境界的大阿羅漢。

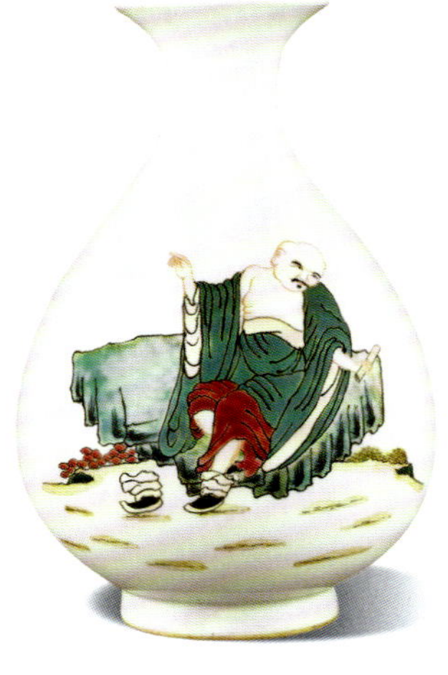

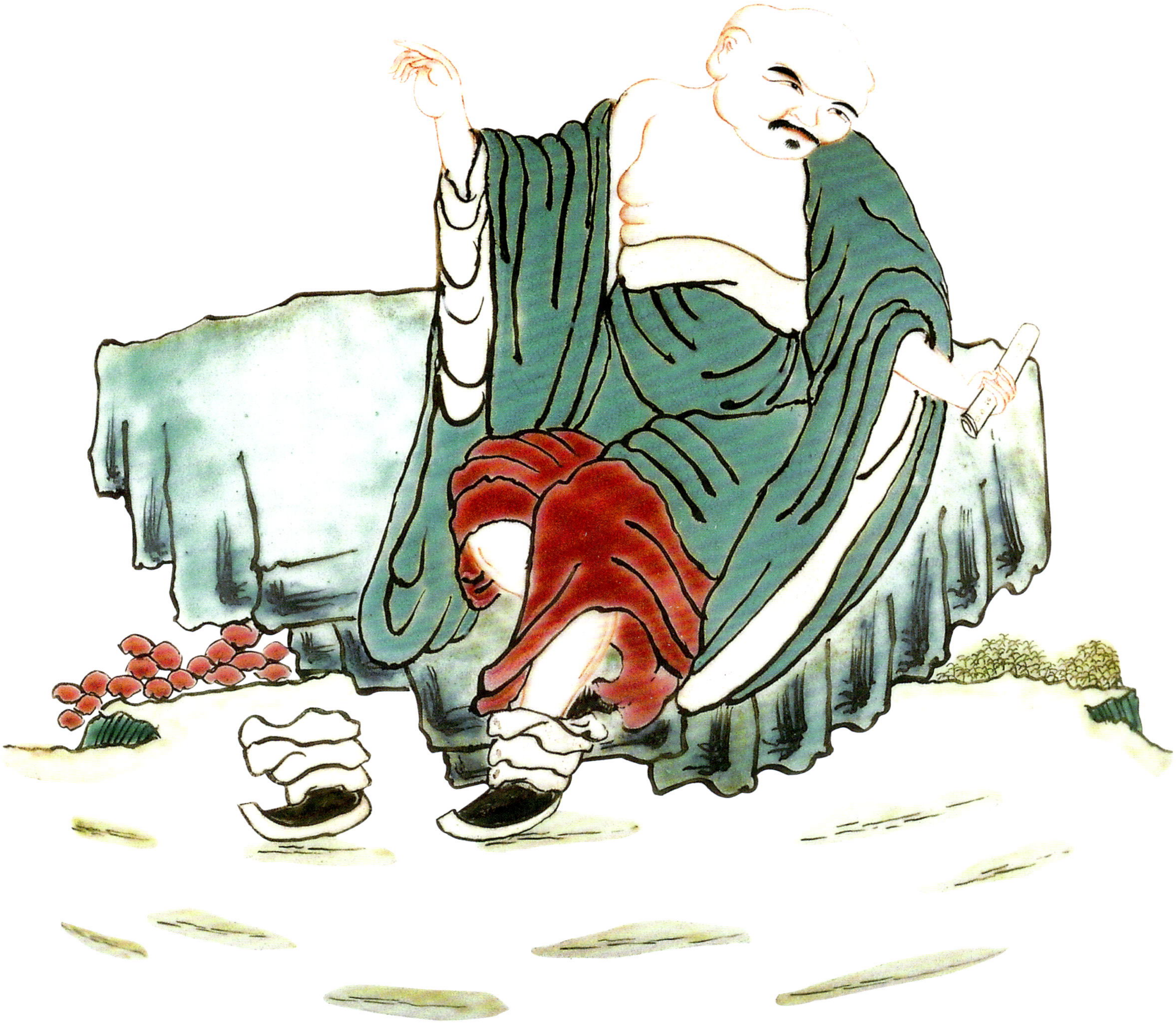

阿那悉尊者

阿那悉尊者，爲佛家弟子。

尊者以善長修煉而著稱，他認爲呼吸是一切修煉的基礎。一個新的生命降生人世，首先要呼吸，人在一生中無時無刻不在呼吸，一個人停止了呼吸，標志著生命的結束，如果能控制自身的呼吸，便能控制住生命，才能進一步修煉其他的功法。尊者體會到，調息有輕有重，有冷有暖，有粗有細，有滑有澀。調整全身的毛孔及臟器，可以使呼吸暫時停頓一個相當長的時間。通過調息，可使體內清涼，滅除熱惱，洶涌的心情可以平靜下來，不間斷地調息，而且步步深入，可使身心清淨，捨弃貪欲，增長智慧，健康身體。

普勝山尊者

普勝山尊者，即宋朝名僧普勝法尊者。

據《宋高僧傳》卷二十八記載，普勝法師俗姓張氏，深州陸澤人。幼年時期即不苟言笑，淡薄俗世之情。二十歲時，長途跋涉，到五臺山華嚴寺出家，拜超化大師爲師。當有人問他爲何不在家鄉出家而不遠千里到五臺山時，他回答說：「附神驥可以日行千里矣」。這表達了他追求高深佛法的迫切心情，後來，他聽説崇法大師在洛陽宣講唯識論，便前往從學。普勝深具慧根，諸經過目不忘，且能融會貫通。宋太祖曾賜紫衣。六十二歲時，在净土院圓寂，門人與信徒收舍利葬於龍門山寶應寺西阜，并建塔旌表。

五百羅漢第二七八尊

納吉祥

五百羅漢第二七九尊

辨才王尊者，即樂音乾闥婆王，四乾闥婆之一，是主管音樂的神，居住於十寶山中。

相傳尊者善長演奏樂器，歌聲優美。他屬下千餘人，也善長演奏及歌唱。樂音乾闥婆王及其下屬居住在十寶山中，常於山中施展幻術，在空中變化出海市蜃樓。當忉利天諸神需要演奏音樂時，尊者便有所感覺，於是率領下屬上天奏樂，演奏完畢，降歸十寶山居住。佛祖得道後，尊者以音樂讚頌釋迦牟尼的功德。據佛學經典《智度論》卷第十記載，尊者在佛前彈琴，其音美妙而震驚宇宙，使三千大千世界爲之震動，使佛祖的大弟子迦葉在座位上都不得安穩。

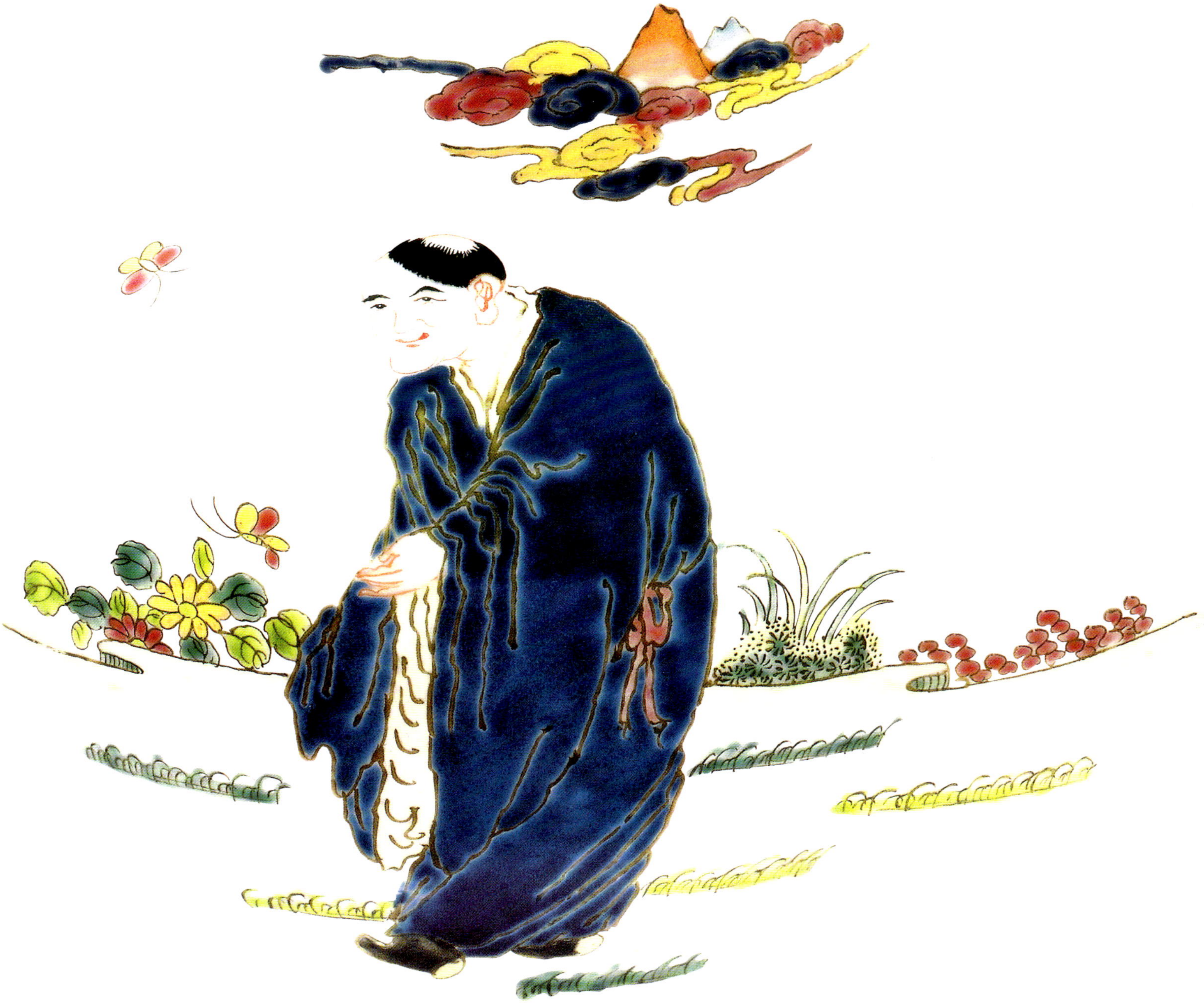

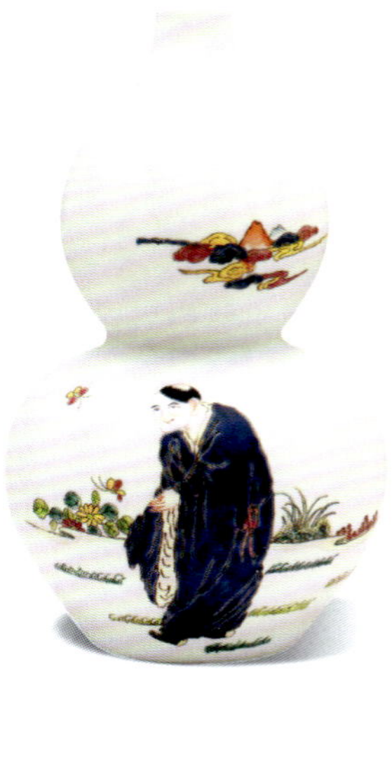

行化國尊者，古印度僧人。行化國，指專行教化的佛國。

古代印度分成許多個小國，在佛教盛行的時候，這些國家的宗教信仰也不一致，特別是各國的國王，有的崇奉佛法，有的尊信外道，有些國家還發生了排佛事件。行化國尊者不畏險阻，不怕艱難，率領弟子周游列國，爲弘揚佛法進行不懈的努力。在他的宣揚感召下，許多國王放弃了外道信仰而皈依佛法。

粉彩瓶

聲龍種尊者，爲文殊師利的過去身。因其以聲音教化衆生，故名聲龍種。

據《首楞嚴三昧經》卷下記載，在過去無法計算的久遠年代，南方有佛土名平等國，其中有佛名爲龍種上如來，又名大身佛、神仙佛，此即文殊師利法王子。龍種上如來壽命有四百四十萬歲，通過講解佛經而教化衆生。當時天上人間的無數神仙百姓，由於龍種上如來的説教而脱離苦海，昇入極樂世界。因其以聲音教化衆生，故稱聲龍種。

五百羅漢第二八二尊

誓南山尊者，即唐代律僧道宣（公元596-667年），爲南山律宗之祖。浙江吴興人，俗姓錢，字法遍。

相傳尊者十六歲出家，入日嚴道場，曾爲長安西明寺上座，參與玄奘譯場，負責譯文潤飾。貞觀十六年入終南山豐德寺，遂長居於此。主要研究、弘傳戒律，是律宗三派之一南山宗的始祖，被稱爲南山律師。一生收有弟子千餘人，著述宏富。主要著有《四分律刪繁補闕行事鈔》三卷、《四分律拾毗尼義鈔》三卷、《四分律刪補隨機羯磨疏》二卷、《四分律含注戒本疏》三卷、《比丘尼鈔》三卷、《廣弘明集》三十卷、《續高僧傳》三十卷、《集古今佛道論衡》、《大唐内典録》十卷等多部著作。乾封二年二月入寂，世壽七十二歲。

五百羅漢第二八三尊

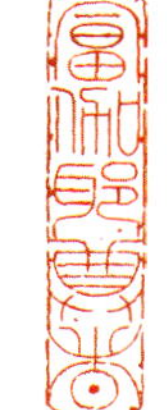

富伽耶尊者，佛家弟子。擅長順隨每人情趣的不同，采用不同的方法宣講佛法，教化衆生，使之獲得解脱。

世間衆生蕓蕓，每個人都有自己的意向與情趣，若用單一的方法予以教化，很難達到普濟衆生的效果，順隨衆生樂趣，采用不同的方法，則能水到渠成。尊者擅長順各人情趣，采取不同方法宣講佛法，教化衆生獲得解脱。他特別指出不能爲布施而布施，而要通過布施消除吝嗇之心，利益他人。

行傳法尊者

行傳法尊者，爲佛陀在世時之僧。

相傳釋迦牟尼創立佛教後，原來信奉婆羅門教的古印度人並不是立即全部信奉佛祖學説的，佛教僧侶爲了擴大影響，弘揚佛法，四處奔走，謂之「行化」。行傳法尊者即是對這種精神的具體體現，他東奔西走而行教化，朝在此而暮至彼，艱苦卓绝，終生不怠，每到一地必爲大衆説法傳教，在他的努力下，不知使佛教增加了多少忠實的信徒，爲弘傳佛法，普度衆生做出了不可磨滅的貢獻。

五百羅漢第二八五尊

香金手尊者

香金手尊者，即寶手菩薩。

相傳尊者的兩隻手，一隻清香四溢，令聞者清除煩惱，心生快樂；另一隻手能生出無數珍寶金銀，用以救濟貧苦，使之衣食溫飽，所以又稱香金手菩薩。據《佛說維摩詰經》卷上記載，寶手菩薩廣施慈悲於世間，他是衆生的朋友，不需邀請便前來相助，給對方帶來快樂與幸福。他又是醫術高明的大夫，辨證施治，藥到病除。尊者宣講佛法，引導衆生脫離六道輪回，永無恐懼、煩惱的困擾。雖然他施予世間的恩德猶如天降甘露，然而其却清净慈祥，從不居功自傲。

摩拏羅尊者

摩拏羅尊者，古印度那提國常自在王之次子，被禪宗尊爲西天二十八祖之第二十二祖。

據《景德傳燈録》、《傳法正宗記》等書記載，摩拏羅三十歲時，遇到著名高僧婆蘇槃豆，遂出家，婆蘇槃豆還將正法眼藏付囑與他。他行化傳法，至西印度，時國王名得度，信奉佛教。一日，在國王行走的路上出現一座小塔，高一尺四寸，其色青玄，四面皆有圖像。前面圖像描繪尸毗王割股救鴿，後面描繪慈力王剜身燃燈，左面描繪薩埵太子投崖飼虎，右面描繪月光王捐捨寶首。國王想把塔迎到宮中供養，但多少人也舉不起來，于是大會國中梵行、禪觀、咒術三類人衆，結果盡皆不識。當時恰逢摩拏羅來到，他知道這是當年阿育王所造諸塔中的一座，遂爲國王演説塔之所因。國王遂傳位太子，出家修行，是爲得度比丘。後來尊者行化至月支國，跏趺而坐，入於涅槃，兩國爲表其功績，起塔供奉。

五百羅漢第二八六尊

五百羅漢第二八七尊

光普現尊者

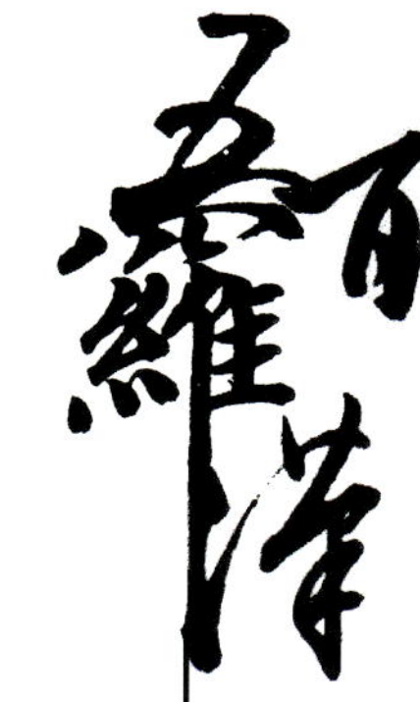

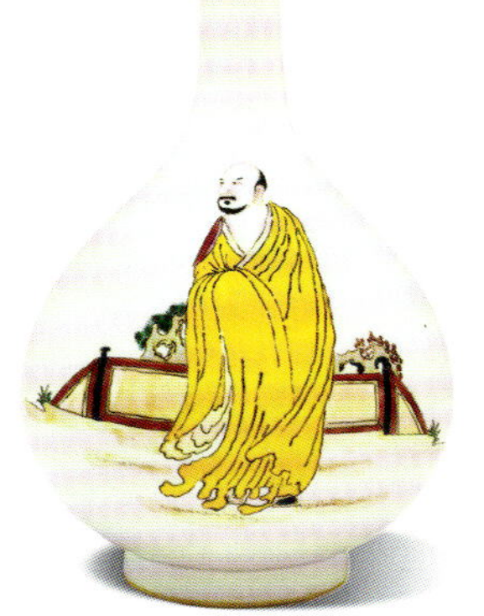

光普現尊者，佛之弟子。

相傳佛稱大日如來，大日能照耀四面八方。光普現尊者，功德無量。能佛光普照十方世界，不僅人間衆生受其恩澤，六道畜牲、地獄餓鬼以及魔鬼外道亦攝於他的威德，改惡從善，得到解脱。

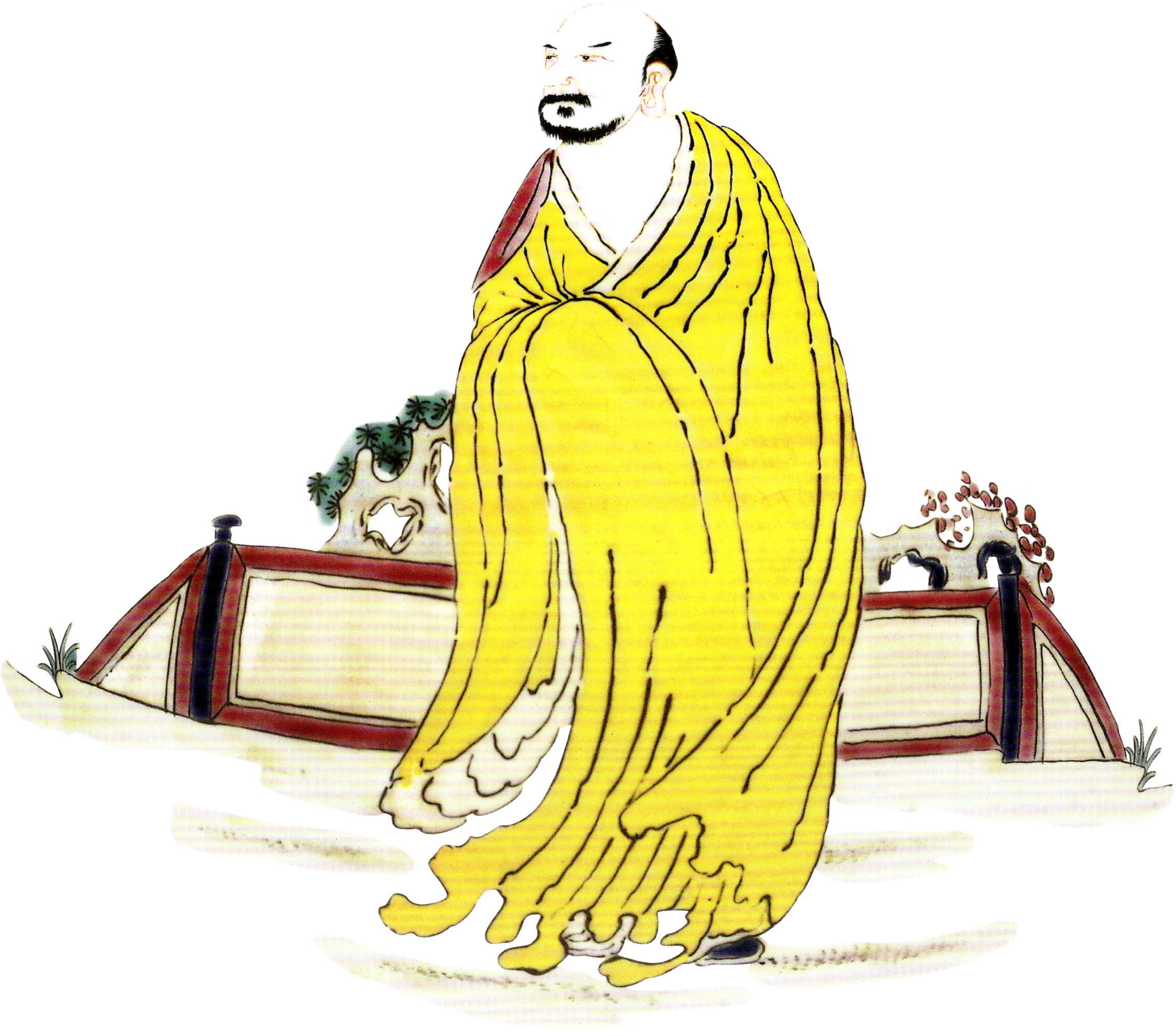

慧依王尊者

慧依王尊者，即慧王菩薩。

據《賢劫經》卷一記載，釋迦牟尼佛在舍衛園祇樹給孤獨園住滿三年，便出外遊化，至維耶離。其時慧王菩薩正精專獨處，刻苦修行。他聽説佛祖到來，便前往迎接，並爲佛祖及隨行人員安排場地，敷設座位。菩薩已具足五通，成就三昧。他勇猛無畏，破除衆魔，心地慈善，廣布佛法，使衆生到達幸福的彼岸，功德圓滿，爲衆生崇敬。

五百羅漢第一八八尊

降魔軍尊者

降魔軍尊者，名大樂金剛，又稱大樂不空菩薩。因其能降伏魔軍，所以又號稱降魔軍尊者。

據說尊者擅長坐禪入定，於禪定中悟到佛學的真諦而獲得最大快樂。獲得了最大快樂後，就可以領會到諸佛的無上智慧，則有降伏一切魔軍的神通力。他降伏了一切魔軍，在欲界、色界、無色界中建立了最高的成就，使一切有情衆生均受其益。大樂不空菩薩，以自證而得大樂，以化他而得大喜，以不間斷地利益而稱不空，其博愛精神爲衆生敬仰。

首焰光菩薩

首焰光尊者，即大焰光菩薩，屬上首菩薩。

據《大方廣佛華嚴經》卷一記載，大焰光菩薩常能親近釋迦牟尼佛，參加佛祖說法之會，聆聽參悟佛祖演示的無上妙法。他已歷無數劫，心性清淨，常向大衆宣傳諸佛之功德，得如大海般智慧。他無所依止，可以隨諸衆生心之所樂，呈現相應之色身，幫助衆生離諸塵障。他已得無量光明，形成光網，照耀法界。衆生沐浴其光焰，煩惱盡除，如同月輪一樣明淨。

五百羅漢第二九〇尊

五百羅漢第二九一尊

持大醫尊者

持大醫尊者，又作壽命童子。古印度摩竭陀國頻毗沙羅王的諸庶子，王舍城著名的醫生，與佛陀爲同時代人。

據説尊者較早皈依佛教，在王舍城東北角的庵婆羅園中建起寺院，請佛祖和他的一千二百五十名弟子在寺中居住，並提供日用衣食。當時，摩竭陀國國王阿闍世王不信佛法，由於他囚禁父母，欺凌弱小鄰國，罪惡深重，遍體生瘡，痛苦難忍，遍請名醫而不能治愈，於是延請尊者爲其治病。七月十五日夜間，尊者引導國王在月光下去見佛祖，得其點化而開悟，遂懺悔前罪，皈依佛教，疾病痊愈，並保護佛教的發展，爲佛教的事業作出無量功德。佛教以救大衆於苦難爲大醫，尊者既能醫治人的身病，又醫治大衆的心疾，可謂醫中之大醫。

藏律行尊者

藏律行尊者，即唐代高僧懷素，河南南陽人，俗姓范氏，生于唐高祖武德七年（公元624年）。

相傳尊者自幼聰敏，器度寬大。十二歲拜唐代著名高僧玄奘爲師出家爲佛家弟子。受戒後，從道宣習《四分律行事鈔》。其後，轉入法礪之弟子道成門下，學《四分律疏》。據載，懷素從不墨守成規，對當時的律學大師法礪大師的學説，能獨抒己見，並在其基礎上撰寫了《四分律開宗記》二十卷，時人號稱《新疏》。從此，其學説大行天下，尤其盛行於蜀（四川）隴（甘肅）地區。唐高宗上元三年（公元676年），受召住西太原寺，敷設講座，弘揚其佛教藏律之學，四方僧俗填門塞巷，前來聽講。景龍元年（公元707年），懷素圓寂，壽年七十四歲。

五百羅漢第二九三尊

德自在尊者

德自在尊者，即大自在天。爲古印度的生殖神，是世界的創造者。

據說尊者居住在色界的最上層，一切衆生都是自在天所作，大自在天心情愉快，衆生生活安樂，大自在天瞋怒，世間衆生便産生苦惱。大自在天是佛教的護法神，每當新佛出世時，他作引導，並對其予以保護，直至昇坐蓮花寶座，十方諸佛大放光明共同照耀此佛，爲之灌頂正位，成爲正式的佛以後，大自在天的護衛職責方告完成。佛祖降臨世間時，大自在天親爲前導，釋尊尚作太子時，去廟中拜見大自在天神像，神像慌忙離座正階，向太子行禮；釋尊得道後，大自在天讓出自己的宮殿，讓釋尊爲諸天神說法。據說他有極大的力量，頭上生有三眼，其中第三隻眼能噴出神火燒毀一切，還可主宰人間的一切悲喜榮樂。

服龍王尊者

服龍王尊者，即降龍大尊者。名李誠惠，蔚州靈丘縣人。

據說，降龍大師的父母已到壯年尚未生子，便到五臺山向文殊菩薩祈請，果然懷孕生下大師。大師風骨爽秀，聰明超群，幼年即到五臺山真容院，拜法順爲師，年二十正式受戒出家。東臺東南一百餘里有一處龍宮池，大師曾經在池邊結廬修道，並在净瓶中蓄養著一條龍。一次，龍從瓶子逃出，入清水河，隱於巨石之穴。大師於清晨放眼四望，見一道白氣從水中蒸騰而上，知道龍潛隱其下，遂大聲喝斥，龍祇得乖乖地回到瓶中。後唐莊宗欽仰大師高行，特遣使賜紫衣，並授予「傳法大師」稱號。同光三年，大師枕手圓寂，享年五十。

五百羅漢第二九五尊

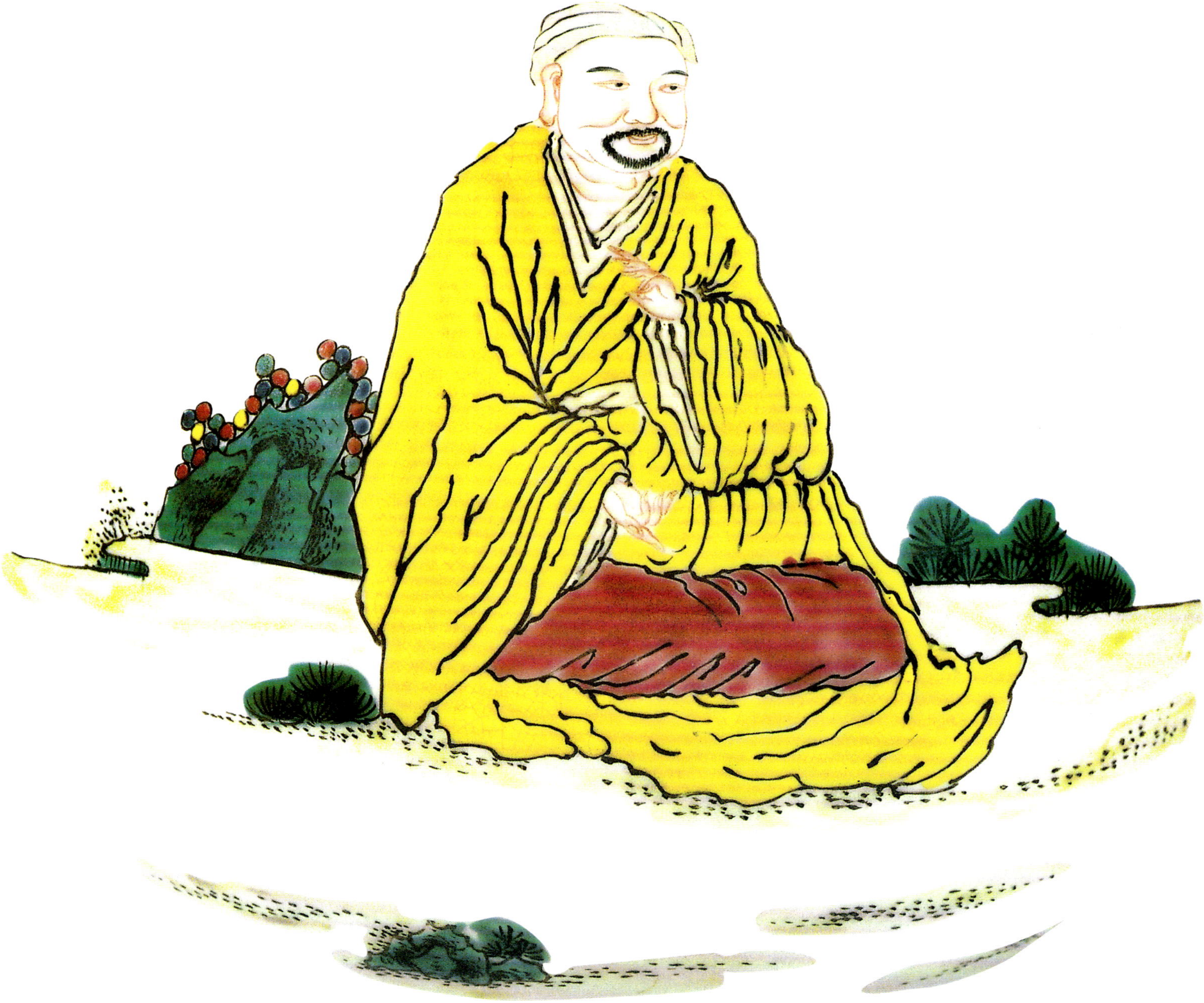

闍夜多尊者，古印度北天竺國人，佛教第二十祖。

相傳尊者的父母信奉佛教三寶，然而家人常爲疾病所苦惱，修繕樓廈房舍，也都不如意；鄰人信奉邪教，却身體健康，諸事如意。闍夜多對此甚不理解，便前去請教佛教十九祖鳩摩羅多尊者，尊者解釋說，善惡報應常常不立刻顯現，世俗百姓祇看到仁者早逝，暴者長壽，忤逆者吉祥，行義者逢兇，由此認爲人生的禍福與因果報應無關。其實不然，報應就像物質在陽光下的影子，千百年以後也不會磨滅。闍夜多聞言即刻醒悟，當即出家爲僧。鳩摩羅多又爲他講解了更深奧的佛法，乃付法藏給闍夜多。傳法完畢，鳩摩羅多身放光明，頃刻寂滅。闍夜多成爲佛教第二十祖，在他掌教期間，教化了無數世俗，使他們皈依佛教。

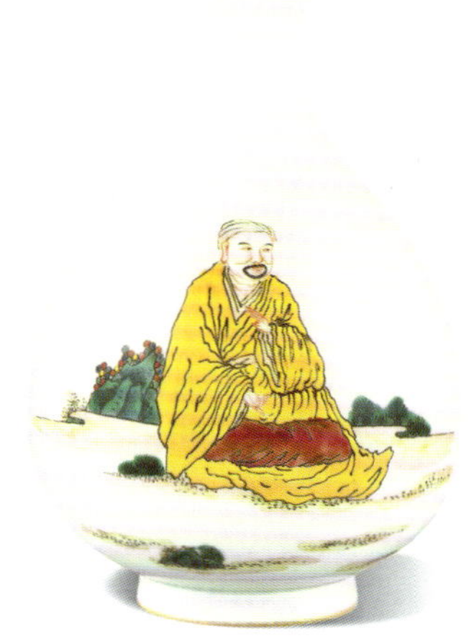

秦摩利尊者，即鳩摩利，爲迦維羅衛國人，是佛祖的叔父甘露飯王後裔。

相傳尊者從孫覺賢三歲喪父，八歲喪母，被外氏收養。鳩摩利聽説覺賢非常聰敏，乃度其出家爲僧。覺賢刻苦修行，博學多聞，以禪律馳名，後不遠萬里，來中國傳法譯經。

五百羅漢第二九六尊

五百羅漢第二九七尊

義法勝尊者，即北魏時期的印度高僧曇柯迦羅。

尊者原爲著名學者，天性聰慧，悟性過人，讀書祇需瀏覽一遍，書中文義牢記不忘，善於學習四園陀論，能觀察風雲星宿而知天變，占圖識變化而知人事。他自稱天下文章都已裝在心腹，傲視一切，目空無人。據《阿毗曇心經》記載，尊者二十五歲時，偶爾拜訪一座寺院，在寺中看到優婆鞠多尊者所著《法勝論》，閱覽一遍，茫然不解其義，又平心靜氣再閱讀一遍，更加昏昏漠漠不知所言。向一僧人請教，略做解釋，便深深地領悟到佛學的微妙通達，於是認識到佛教宏曠深奧，並非世俗及外道諸書所能比及。從此摒弃世樂，出家精進，誦大小乘經典及諸部律藏。嘉平二年（公元250年），於洛陽白馬寺譯出僧彌律戒一書，並請梵僧制定羯磨法，傳授戒律，爲我國授戒度僧之始。

施婆羅尊者，又作尸婆羅、施跋羅等。是佛陀姑姑之子，即佛祖釋迦牟尼的表弟。

相傳，釋迦牟尼的祖父師子頰王生有四子一女，四子即净飯王、白飯王、斛飯王、甘露飯王，一女即甘露味，釋迦牟尼爲净飯王之子，施婆羅爲甘露味之子。施婆羅長大後出家，爲釋迦牟尼弟子。據《大智度論》卷二十四云，佛弟子各有所好，「好施如施跋羅」，可見施婆羅尊者本性慷慨，盡力施舍，以供養佛祖及衆僧人。

五百羅漢第二九八尊

五百羅漢第二九九尊

闍提魔尊者，爲佛之弟子。

據《涅槃經》云：「闍提，屠家之子，常修惡業，以見我故，即便捨離，如闍提比丘。」即是說尊者原是以殺牲爲業的惡人，後遇佛祖，聆其教化，始改惡從善，獲得正果。

王住道尊者，即得度，原來爲西印度國王。

相傳，從前有一天，在尊者常走的路上現出一座小塔，青玄色，高一尺四寸，四面皆有圖象，分別繪的是尸毗王割股救鴿、慈力王剜身燃燈、薩埵太子投崖飼虎、月光王捐捨寶首。國王欲將小塔請入宮中供奉，但衆人皆擧它不動，于是大會國中梵行、禪觀、咒術等三種修行者，可誰也説不清塔的來歷。後遇著名僧人摩拏多認出此乃往昔阿育王所造八萬四千塔中的一座，便爲國王演説此塔之因，還告訴國王説：「今之出現，王福力所至也。」尊者聽完，乃説：「至聖難逢，世樂非久。」于是傳位於太子自己出家爲僧，僅七日便證得阿羅漢果。後來摩拏羅讓他常住本國，廣度衆生，爲國人所敬仰。

五百羅漢第三〇一尊

無垢行尊者，名無垢，因其能行佛法於世間，又稱無垢行。

據《大寶積經》卷第九十記載，釋迦牟尼佛在舍衛國祇樹給孤獨園爲衆菩薩講經。講經畢，釋尊問諸菩薩説：「我經歷了千百萬億次的轉世與危難，才證得正等正覺諸法，我涅槃之後，那位菩薩能持護正法、安住秘密瑜珈真言，教化大衆，利益衆生。」無垢菩薩離座向前，施禮道：「我能擔當此任，護持佛法，利益衆生，滿足諸衆生的志願與樂趣。」尊者能入智慧方便三昧，示現種種神通變化，滿足衆生的所有欲樂，使不同的衆生增益佛性，而自身的法性毫無動搖。

阿婆羅尊者

阿婆羅尊者，又作阿波羅等。

據《大威德陀羅尼經》卷八記載，佛祖釋迦牟尼佛在舍衛城祇樹給孤獨園準備宣講陀羅尼法，他告訴阿難：「有陀羅尼法本，過去諸佛已曾顯示略廣解釋。爲諸侍者及以衆生受安樂故，憐憫世間諸天人等廣利益故，我今亦欲說此陀羅尼。」話剛說完，阿婆羅比丘即從座位上站起來，對佛陀的話表示不滿：「世尊，莫作是說，言正見非見也。」正說著，阿婆羅的舌頭墮落在地，身體亦入阿鼻地獄中。阿婆羅心中非常害怕，深切懺悔自己不信佛法的罪過，悉心向善，終于脫離地獄苦海，證得阿羅漢果。

五百羅漢

粉彩瓶

聲皈依尊者，佛的聲聞弟子。因聽佛宣講佛法而解脱，故號聲皈依。

《華嚴經》認爲，佛有十身，即：衆生身、國土身、業執法身、聲聞身、獨覺身、菩薩身、如來身、智身、法身、虛空身。世間衆生佛性深淺不同，因緣善惡不同，求道情趣不同，佛祖根據種種不同而講佛經，導化衆生領悟佛法。聲皈依尊者耳根鋭利，聽佛講法全神貫注，並善於領會要點，很快他便悟到佛教的真諦，脱離世俗，永入涅槃。

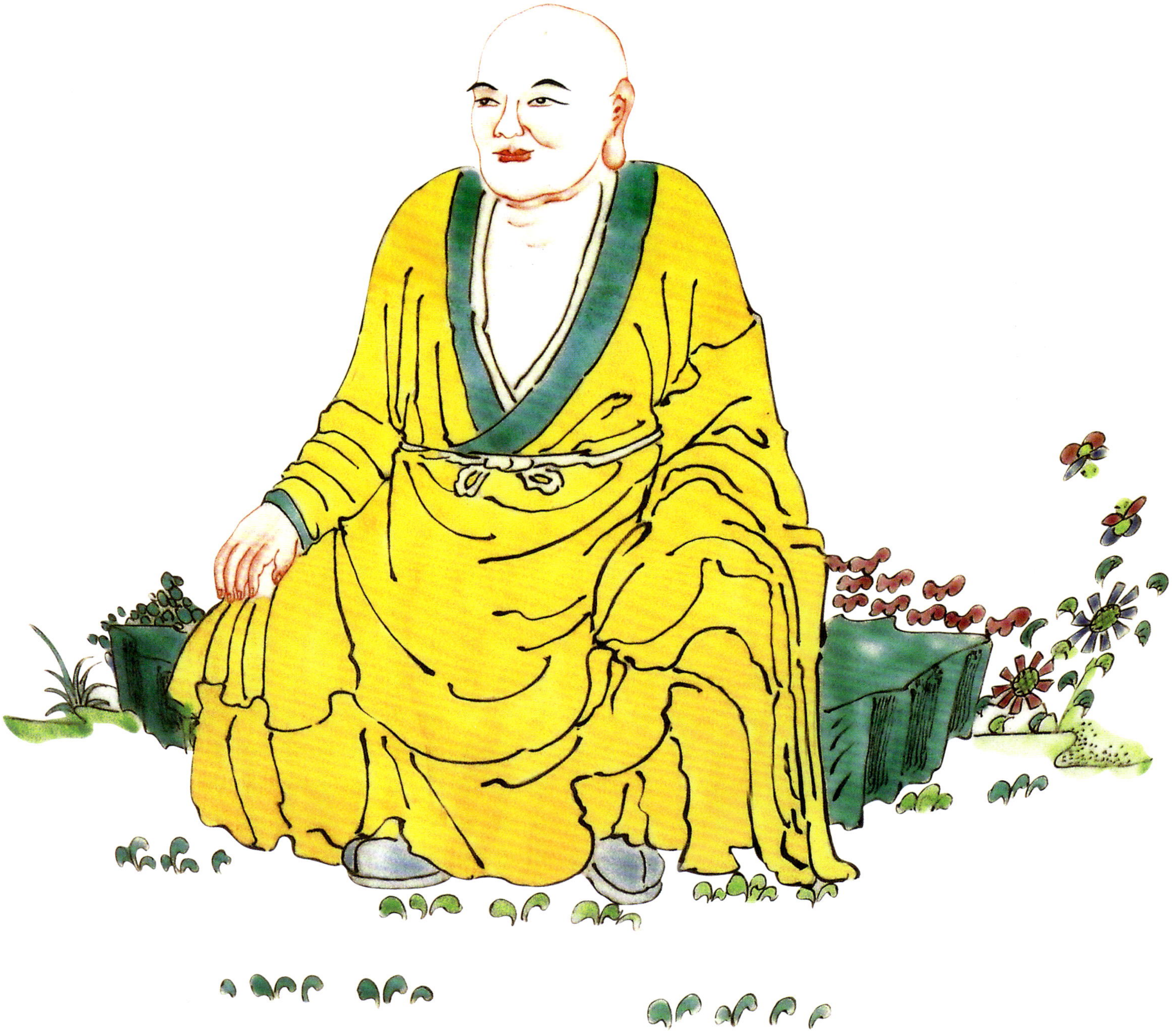

禪定果尊者

禪定果尊者，佛之弟子。禪定，指用心專注，是修習佛法的一種方法。

據《頓悟入道要門論》卷上曰：「安念不生爲禪，坐見本性爲定。本性者，是汝無生心；定者，對境無心，八風不能動；八風者，利、衰、毀、譽、稱、譏、苦、樂，是名八風，若得如是定者，雖是凡夫，即入佛位。」據佛典記載，修習禪定，可求得永遠的寂靜，獲得永恒的解脫。並得到十種利益：即定住儀式、行慈境界、無煩惱、守護諸根、無食喜樂、遠離愛欲、修禪不空、解脫魔障、安住佛境、解脫成熟。禪定果尊者就是一個循序漸進，通過堅持不懈地修習禪定而成正果的代表性人物。

五百羅漢第三〇五尊

不退法尊者，即不退法阿羅漢。

佛教中，獲得羅漢果位的僧人，由於佛性深淺不同，而被分爲不同的等級。初等爲退法羅漢，一旦得羅漢果，遇有惡緣，便失去果位。第二爲思法羅漢，擔心失去已獲果位，小心謹慎，而入無余涅槃。第三，護法羅漢，防止喪失於所得之果位，能自我保護。第四，安住法羅漢，能做到不退不進，安居於本果位。第五，堪達法羅漢，修煉根性，將達到不動羅漢的等級。第六，不動羅漢，根性堅固，遇到任何惡緣，也不會動轉所得果位。第七，不退法羅漢，本性堅固，不可退轉，而且能以自身的佛性與智慧降伏外道，宏揚佛法。不退法尊者已具備了本性堅固。他清净常住，救護衆生，功德顯著。

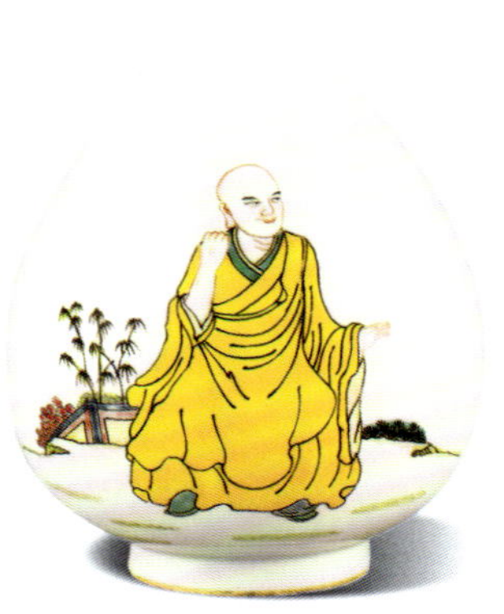

僧伽耶尊者

僧伽耶尊者，即僧伽陀，也作迦佛陀、僧陀，爲印度僧人。

相傳尊者熟悉三藏，精通佛理。北魏時期從印度來到中國，居住在洛陽寺中。據說他很有繪畫才能，經歷北魏、北周、隋，各朝皇帝對他都很器重。他曾經描繪嵩山少林寺門及佛林園壁，見者無不驚嘆。他面如觀音，注重誠信、友誼和慈愛，被世人稱爲是觀音大士的化身，於唐高祖武德七年圓寂，享年近百歲。

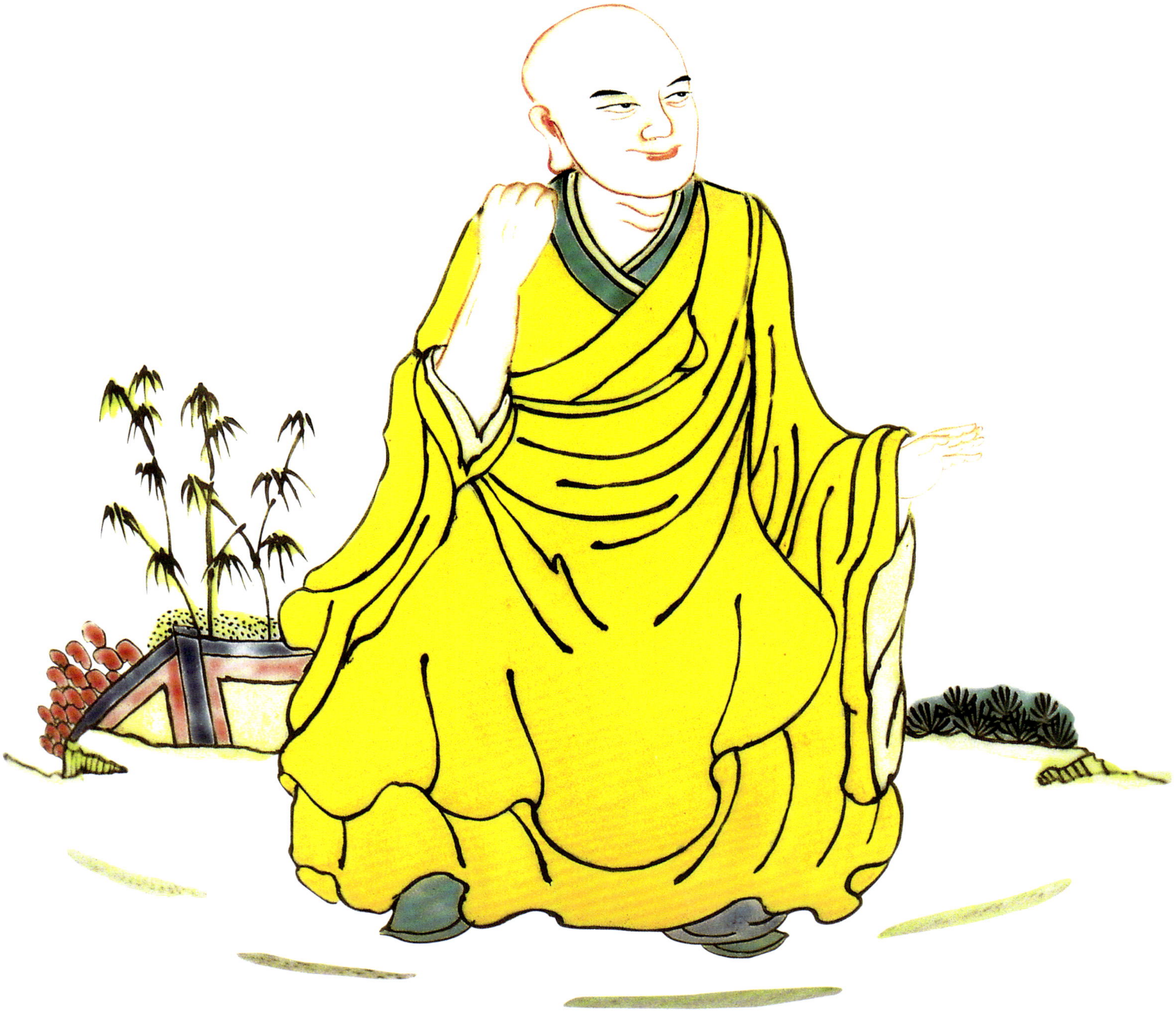

五百羅漢第三〇六尊

五百羅漢第三〇七尊

達摩真尊者

達摩真尊者，即菩提達摩，爲中國禪宗之初祖，西天第二十八祖，五代高僧法真，俗姓王，梓州（四川三臺）鹽亭人。

相傳尊者自幼聰悟，童年出俗爲僧。成年後拜大潙山（湖南寧鄉）同慶寺靈祐禪師爲師，學法問道。法真戒行清苦，崇禮佛名典，敏於領悟教義，深得佛法真髓，深受靈祐禪師的贊賞。學成后返蜀，居大隨院木禪菴，爲衆說法，名聞遠近，聲震四方，說法十餘年，法堂長盛不衰。北宋初乾德元年（公元963年）圓寂，年壽八十六。

粉彩瓶

五百羅漢第三〇八尊

持善法尊者，佛之弟子，因德行立名。

在佛教中，善法分爲世間之善法和出世間之善法。世間之善法即五戒十善，出世間之善法即出家人之善法，指三學與六度。尊者由淺入深，堅持不懈，不論在家或出家都嚴格遵守善法規條，修心養性，積功纍德，終證阿羅漢果。

受勝果尊者

受勝果尊者，宋代高僧，祖籍四川彭縣，俗姓駱氏。

相傳尊者生於書香之家，博通能文，幼時因有所悟出家爲僧。出家後拜浄土宗五祖法演禪師爲師，盡領其佛法奧意，學成後講法於成都昭覺寺，因佛鑒慧勤、佛眼清遠，被譽爲叢林三杰。尊者多次受到宋朝皇帝徽宗的召見，崇敬褒寵，勝過他僧。金兵南攻汴京，宋都南遷，高宗即位於金陵，召其參政國家軍政大事，並賜號「圓悟」大師，與將帥交往甚密，且奔走於江淮之間，勸富豪共救國難。後來又回到成都昭覺寺，紹興五年示寂，世壽七十三，其靈骨葬於昭覺寺，至今尚在。

心勝修尊者

心勝修尊者，即修勝心，爲佛之弟子。

佛教認爲，修習佛法，首先要保持良好的心地，才能保證修煉取得良好的效果。尊者志趣高遠，始終把着眼點放在追求佛果的崇高地位。又艱苦修行，兢兢業業，堅持不懈，終證阿羅漢果。

會法藏尊者，梵名曇摩迦留，意譯法寶藏，簡稱法藏，是阿彌陀佛的前世身。

相傳很久以前，世自在王佛在世，當時有一國王，聽世自在王佛說法，心懷喜悅，捐弃王位，出家爲僧，法號法藏，其高才勇哲，超異于世，並發誓要拔衆生於生死苦海。后來，世自在王佛爲法藏廣説二百一十億諸佛土的情況，並施神通力，將諸神國一一現顯於法藏面前。法藏選擇了西方安樂佛國，並發下佛的四十八誓願，他的誓願感動天地，大地震動，天花飄落。由於他在以往無數次轉世時積聚的功德，發誓願后便成正覺，獲得佛果，號阿彌陀佛。後來在尊者的教化下，西方安樂世界變得無憂愁，無苦惱，清淨安樂，使其心願得以實現。

常歡喜尊者，即常歡喜菩薩。

據説尊者經常參加佛祖的法會，聆聽佛祖釋迦牟尼之法教。他恭敬供奉過無數諸佛，已得大神通力，無所畏懼，能轉不退法輪，總持空法藏門，不舍志意，行不色想，深具濟世度人之心。衆生有禮敬稱呼其名者，皆能發阿耨多羅三藐三菩提心，得不退轉。

威儀多尊者

威儀多尊者，爲佛之弟子。威儀，指坐、行、進、退有威德，有儀軌。

佛教認爲，諸佛、菩薩及比丘僧衆謹守威儀規度，可以禁除貪、嗔、痴三毒，使心身清净，永無煩惱。威儀多尊者規度具足，慎行無誤。他在日常的行、住、坐、臥中能忍行坐苦，不到臥時不臥，不到住時不住。且無論是坐於床上，坐於地上，或者坐臥於枯草干葉之上，心中均能常念供養佛法僧寶，調協心思，安住於佛性之中。此外，他尚有細行威儀三千，菩薩威儀八萬四千。舉手投足，無不循規合度，慎行無誤，因而證得果位。

頭陀信尊者

頭陀信尊者，即唐代鎮州龍興寺釋頭陀。陀，意爲抖擻，抖擻能去塵垢，修習此行能捨貪著。

據《宋高僧傳》卷三十《唐鎮州龍興寺頭陀傳》記載，頭陀出生於貧窮之家，父母以開磨房爲生。頭陀幼年器度温潤，有長者的規儀。他父親讓他守磨，到了夜深時分，頭陀看到驢、牛已很疲憊，便放開驢、牛去吃草、飲水，自己代替驢、牛推磨。父母知道此事，爲之罷業。頭陀請求出家爲僧，父母答應了他的要求。他修習十二頭陀行，極爲艱苦，被褥三十年不曾更換，身上披着破破爛爛的糞掃衣。隨時按照佛法檢查自己的言行，隨時驅除塵障，住心於佛性的修養因而獲得證果。他深受信奉佛教者的敬重，卻不受人供施，被尊稱爲「抖擻上人」。

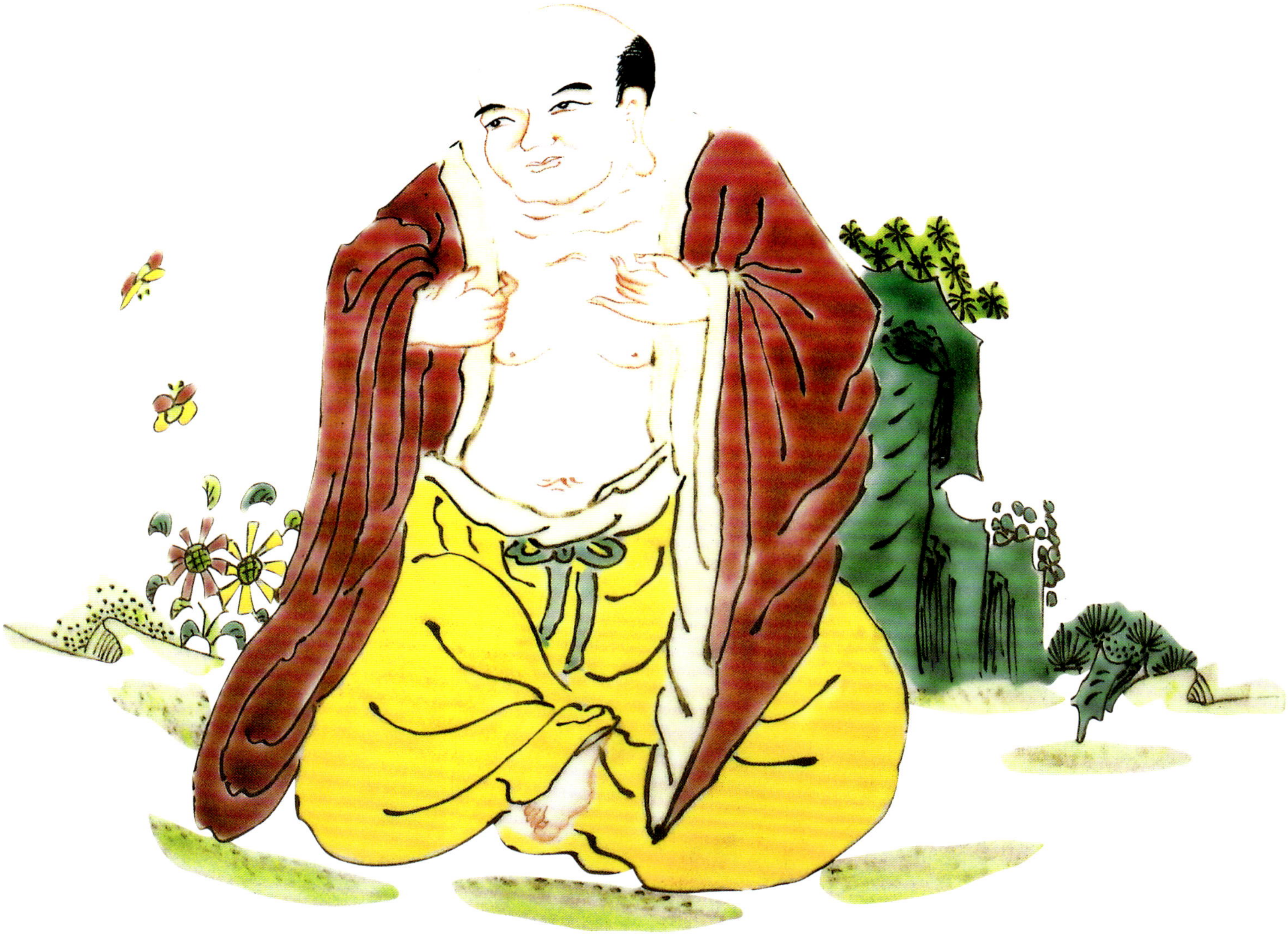

議洗腸尊者，天竺人，晉時僧人。

此尊者以洗腸滌胃作比喻，教誨衆生懺悔罪惡，清净心性而獲得安樂。佛教認爲：因果報應對於每一個人而言是顛倒互用的，惡果也可以從因緣而滅。結交惡友，胡作非爲，自然要受惡報，誠意懺悔，洗腸清心，誓願改過自新、勞己爲人，惡果自滅。惡果原本不在自身，原本也不在外界，惡果本是空無的，由於自身的行爲才産生了惡果。議洗腸尊者告誡衆生，要經常觀想十方聖賢利益衆生的功業，對照聖賢而懺悔自己，舒瀝心肝，洗滌腸胃，可滅一切罪、一切障。

五百羅漢第三一六尊

德净悟尊者

德净悟尊者，因德行立名。德净悟，指德行清净無瑕。

德净悟尊者慧根深植，崇信佛法，廣做善行，培固德本。出家之後，修習禪定，得清净之覺悟，開真實之知見，證菩提正道。他憫念衆生身在迷途而不知返，心體爲塵垢所蒙蔽，四處遊走，爲衆說法，力圖使衆生知見自性清净，悟解佛法妙諦，以脱苦海而得自在，往生净土。

無垢藏尊者，即虛空藏菩薩的化身，爲賢劫十六尊者之一，又名金剛幢。

相傳虛空藏德布五方，每方各有一化身，北方化身名無垢虛空藏菩薩，具有與虛空藏同樣的功德與智慧。尊者心性若虛空，包藏一切功德，包藏一切智慧，在諸大菩薩中，觀音菩薩爲天之日，大勢至菩薩爲天之月，虛空藏菩薩爲天之明星（太白金星），尊者是明星的化身。據《大集經》卷十四《虛空藏品》記載，尊者擁有無數寶藏，但沒有吝嗇之心，貧窮的人前來乞討，隨意想得到什麼，他都能滿足乞討者的願望，並對自己的施舍滿心歡喜。其得佛的神通，傾心着力幫衆生脱離苦海，於虛空中得自在。

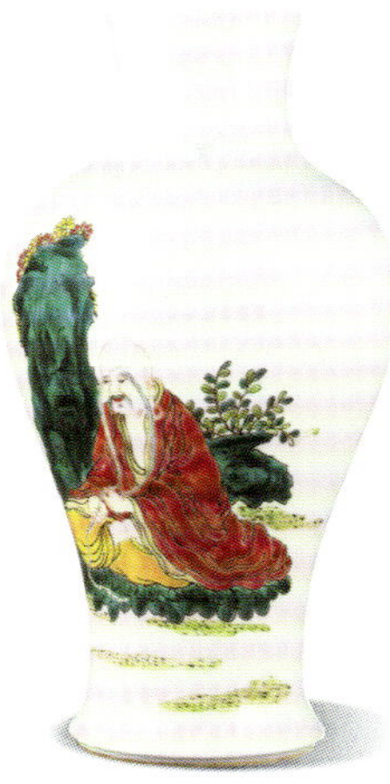

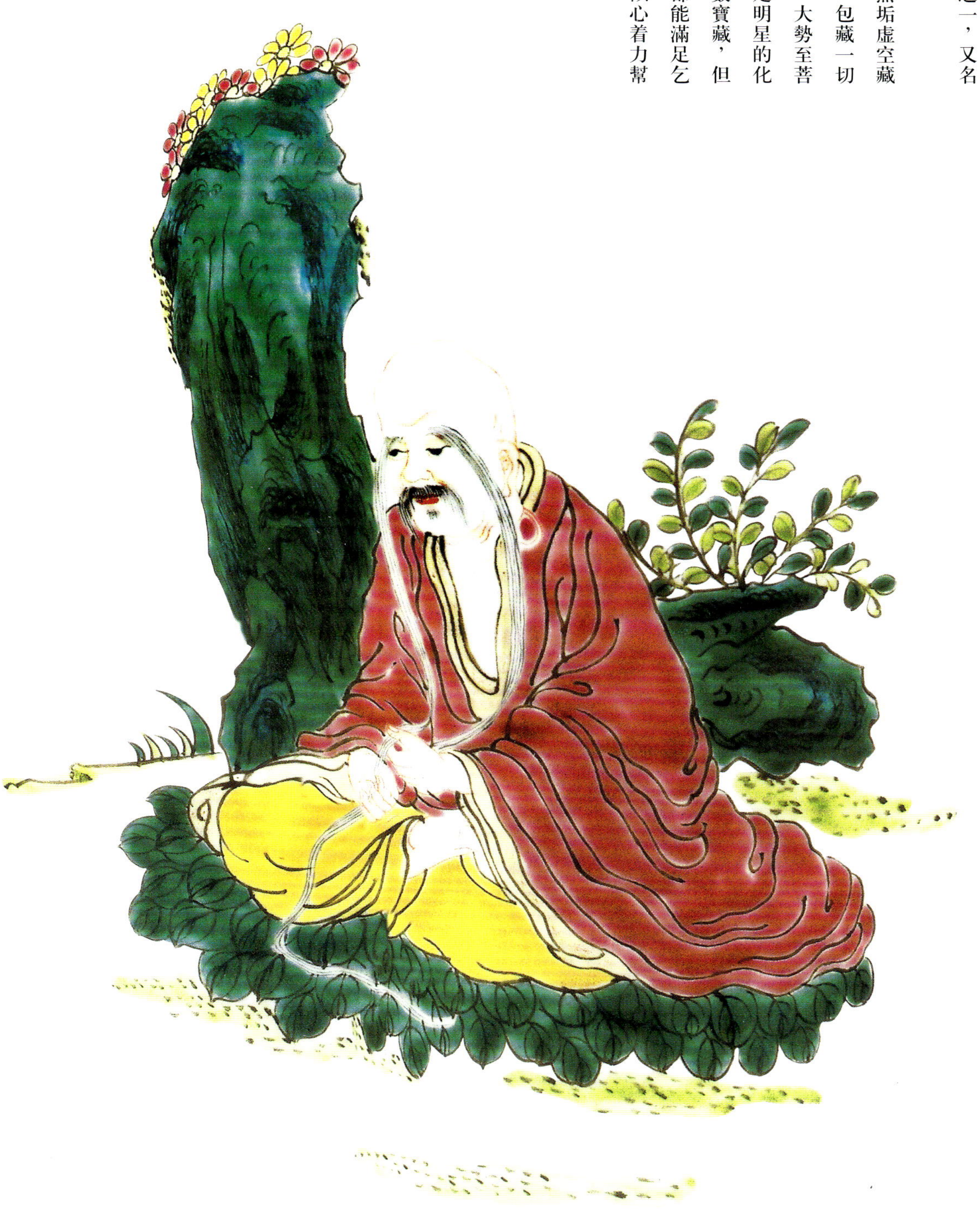

降伏魔尊者

降伏魔尊者，即降伏菩薩。

《佛名經》卷九將其列爲上首菩薩。據載，佛陀向大弟子舍利弗列舉了應當禮敬歸命的諸佛國世界，其中提到「南無見愛世界觀世音王如來國土，降伏魔菩薩、山王菩薩以爲上首」。魔，即魔障。諸如生、老、病、死，七情六欲都是見道的魔障。魔障還包括那些專門破壞人所行之善事，甚至要傷害人們生命的外魔等等。所以説他是諸魔的克星，不僅使邪魔難以侵凌，而且能使諸魔弃惡從善。

五百羅漢第三一九尊

阿僧伽尊者

阿僧伽尊者，爲古代印度大乘佛教瑜珈行派創始人之一。阿僧伽，爲無著菩薩之梵名，意譯無礙障。四至五世紀印度健陀羅國人，是著名的佛學理論家。

據《大唐西域記》記載，阿僧伽天性聰慧，出家後先師從彌沙塞部學習小乘佛教，之後轉學大乘佛教。阿僧伽的弟弟世親菩薩是當時的名僧，阿僧伽的弟子師子覺尊者密行莫測，世親與師子覺都表示願意聽聞慈氏（彌勒）菩薩的教法。於是阿僧伽夜間昇往兜率陀天，在慈氏菩薩處聽經，白天返回人間，爲世親及師子覺等轉述慈氏菩薩的經文經義。阿僧伽將慈氏講經見之於文字，撰成《瑜伽師地論》、《大乘阿毗達摩論》、《攝大乘論》，從而創立了佛教瑜伽行派（有宗）的理論體係。唐代著名僧人玄奘西行取經，主要目的就是取回《瑜伽師地論》。

金富樂尊者

金富樂尊者，佛之弟子，因德行立名。

佛教認爲，世人總是以富爲樂，拼命追求財富是件非常可笑的事情，因而把貪求財寶的「財欲」列爲「五欲」之一。《智度論》卷十七云：「哀哉衆生，常爲五欲所惱，而求之不已。此五欲者，得之轉劇，如火炙疥。五欲無益，如狗咬炬。五欲增争，如鳥競肉。五欲燒人，如逆風抗炬。五欲害人，如踐惡蛇。五欲無實，如夢所得。五欲不久，如假借須臾。世人愚惑，貪着五欲，至死不捨，爲之後世受無量苦。」尊者一心向佛，雖有家財萬貫，却全部捨弃，出家修習禪行，斷絶煩惱，得寂静之樂。

五百羅漢第三二一尊

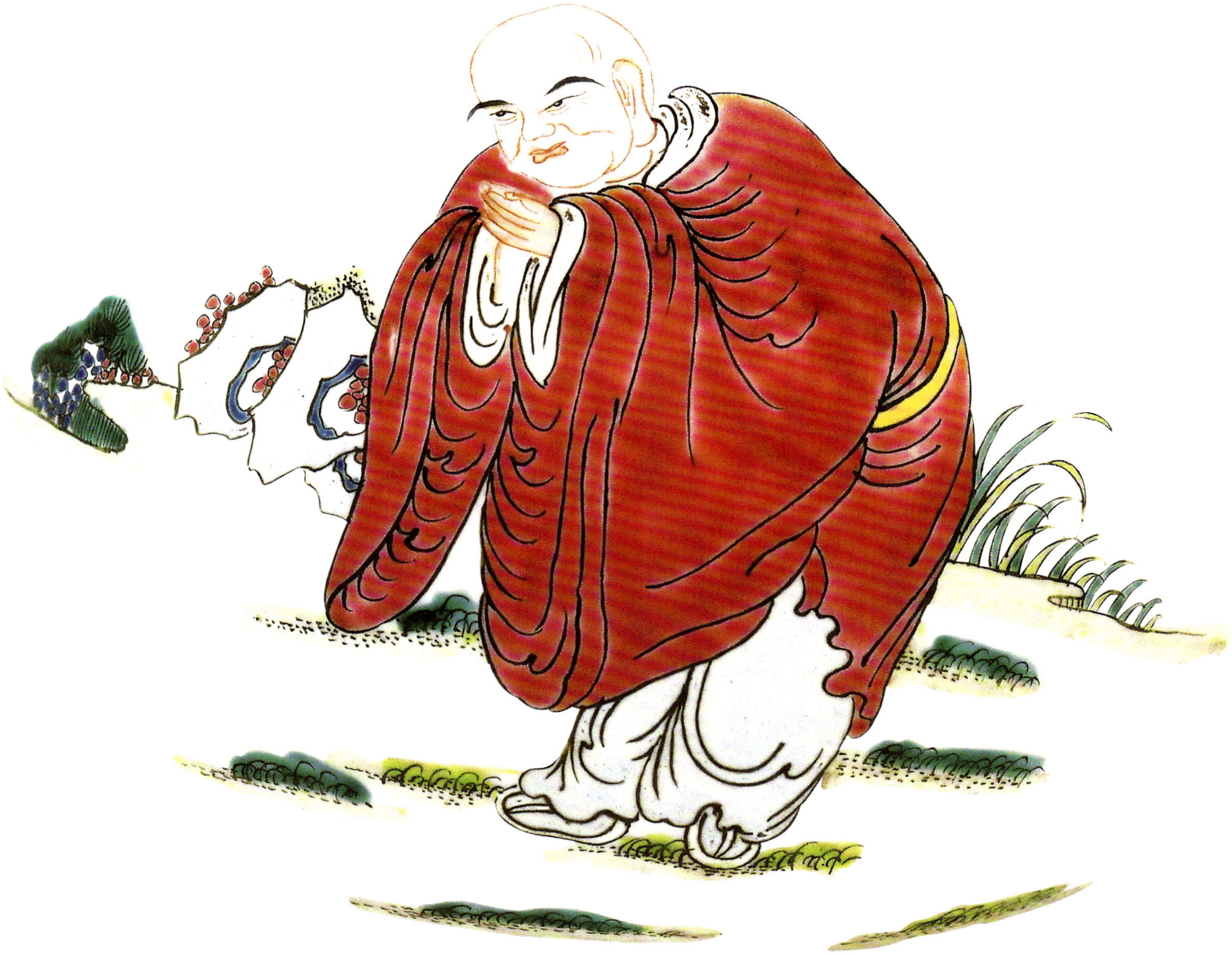

頓悟尊者

頓悟尊者，即南北朝名僧道生，又稱直往菩薩。俗姓魏，河北巨鹿人。

尊者少年出家，拜竺法汰爲師，法號道生。道生曾南游廬山，向名僧慧遠求學；居廬山七年學法，又北上長安，從鳩摩羅什問道。之後居住建業（南京市）青園寺，在寺中撰寫了《二諦論》、《佛性常有論》、《法身無色論》、《佛無净土論》、《應有緣論》等。道生的理論認爲，修行到一定程度後，内中便萌發出一種金剛道心，堅固鋒利，一次就能將心中的一切疑惑斷除乾净，由此獲得正覺，就是所謂的頓悟。很多墨守教義的僧人認爲道生的理論是邪説外道，被摒弃於衆僧之外。道生袖手空身入平江虎丘山，以頑石爲徒，宣講自己的學説，因其一心向佛，意志堅定，終得正果。

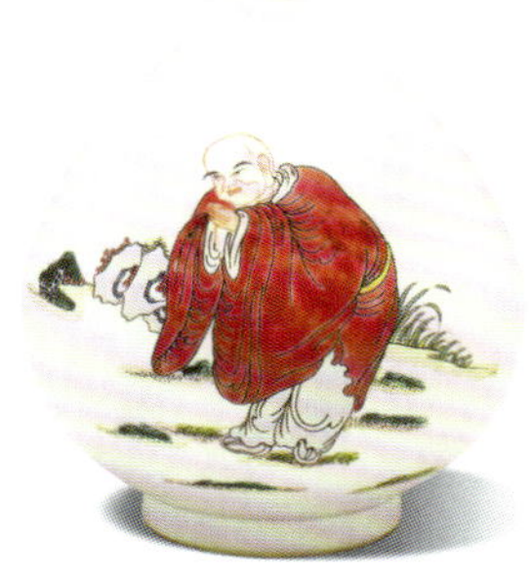

周陀婆尊者，古印度僧人，即十六羅漢之注茶半托迦。

據說，其母本爲富貴長者之女，與家奴私通而有孕，遂逃他國。在途中臨產生下二子。大的叫「半托迦」，意即「大路邊生」。小的叫「注茶半托迦」，意即「小路邊生」。尊者即是後生者，故名小路。其小時愚鈍無比，後來皈依佛法出家爲僧。出家後，尊者刻苦修行，終成阿羅漢果。

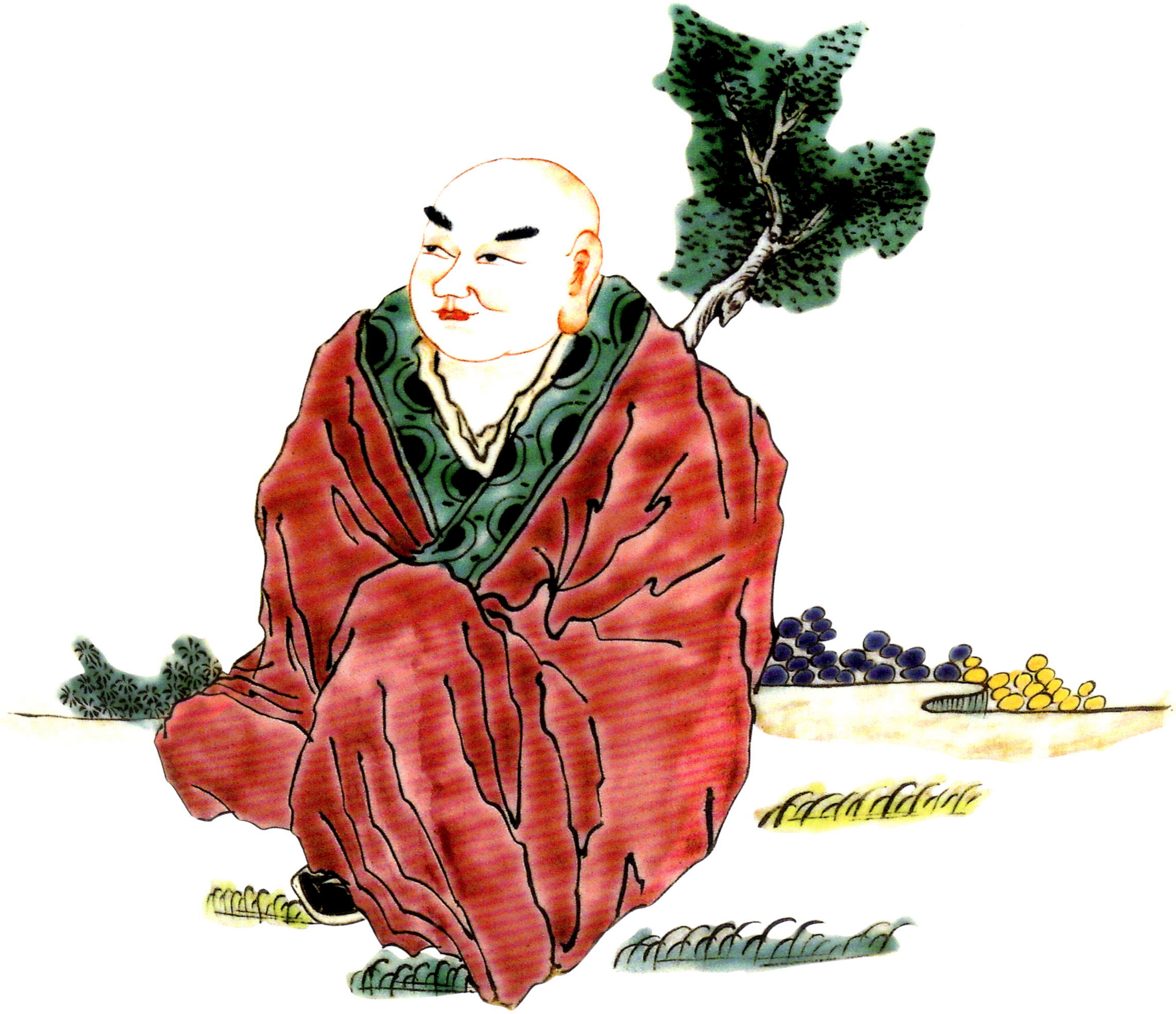

五百羅漢第三二三尊

住世間尊者，佛之弟子。

據説尊者經歷了無量數劫的修行，已具有了成佛的品行與功德，可昇往天界佛國，然而他甘願長住世間，教化衆生，使十方世界皈依三寶。住世間尊者具有四智心品，即圓鏡智品、平等智品、成事智品及觀察智品。圓鏡智品顯現尊者的法身，以冥益十界衆生；平等智品顯現尊者的報身，以顯益尚在世間修行的佛家弟子；成事智品顯現尊者的化身，以救護過去、現在、未來三世間地獄、餓鬼、畜生、阿修羅、人間、天上等六道中的一切有情，使之脱離苦海，轉生净土；觀察智品則應機説法，根據諸衆生賢愚情趣不同，而采用不同的方法教説導化。

燈導者尊者，即導者尊者。

佛教認爲，人既然生在凡夫地，由於種種不可避免的緣故，總會有無量罪過，如果不及早懺悔，死後就會墮入地獄，受種種無法想象的酷刑，求生不得，求死不能，苦痛萬端。生前及早誠心皈依佛法，禮敬諸佛及導者等菩薩，向他懺悔自己的罪過，可以滅罪增福，往生極樂净土。尊者熟諳佛法，自性清净。能以佛法導引迷茫衆生脱離苦海，超生佛土，猶如破除迷霧的指路明燈。自性潔净之衆生，若能受持並讚嘆尊者，可得現世安穩，於未來世則可得無上菩提。

甘露法尊者

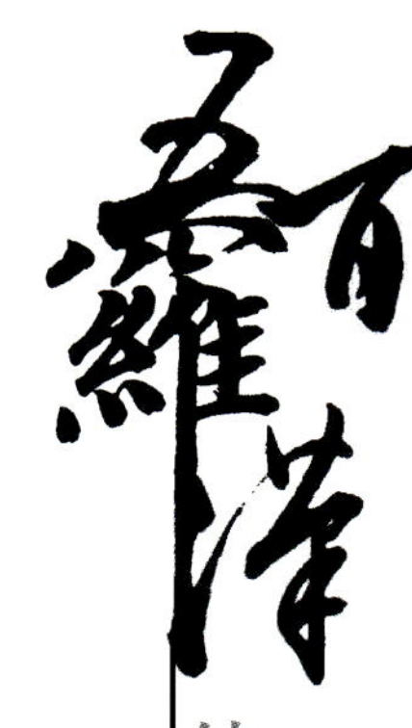

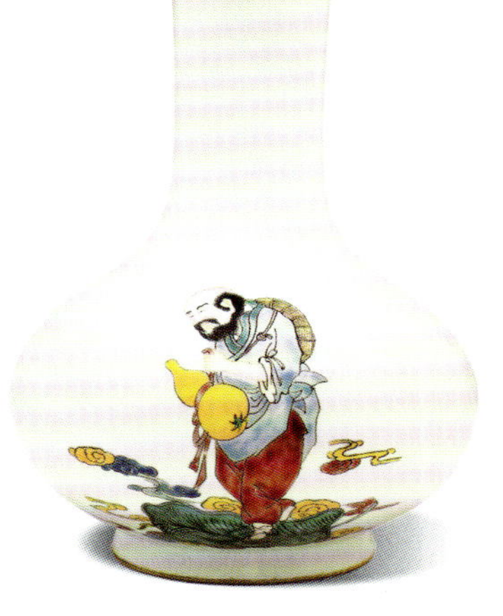

甘露法尊者，佛之弟子。

相傳尊者爲求得解脱，曾釀造甘露不死之藥，飲後身輕不老，力大體光，稱此甘露爲不死之藥。尊者雖然能長生不死，但是爲世間的煩惱和憂愁所困擾，因此對自己的成就并不滿足，繼續尋求獲得精神解脱的方法。後皈依佛教，勤修佛法，悟得證果。視佛法爲甘露法，勝過一切外道邪説，其功效非仙藥所能比擬。尊者遵從佛祖教導，不辭勞苦，廣宣佛法，降甘露法雨以普救衆生，功德圓滿，終獲正果。

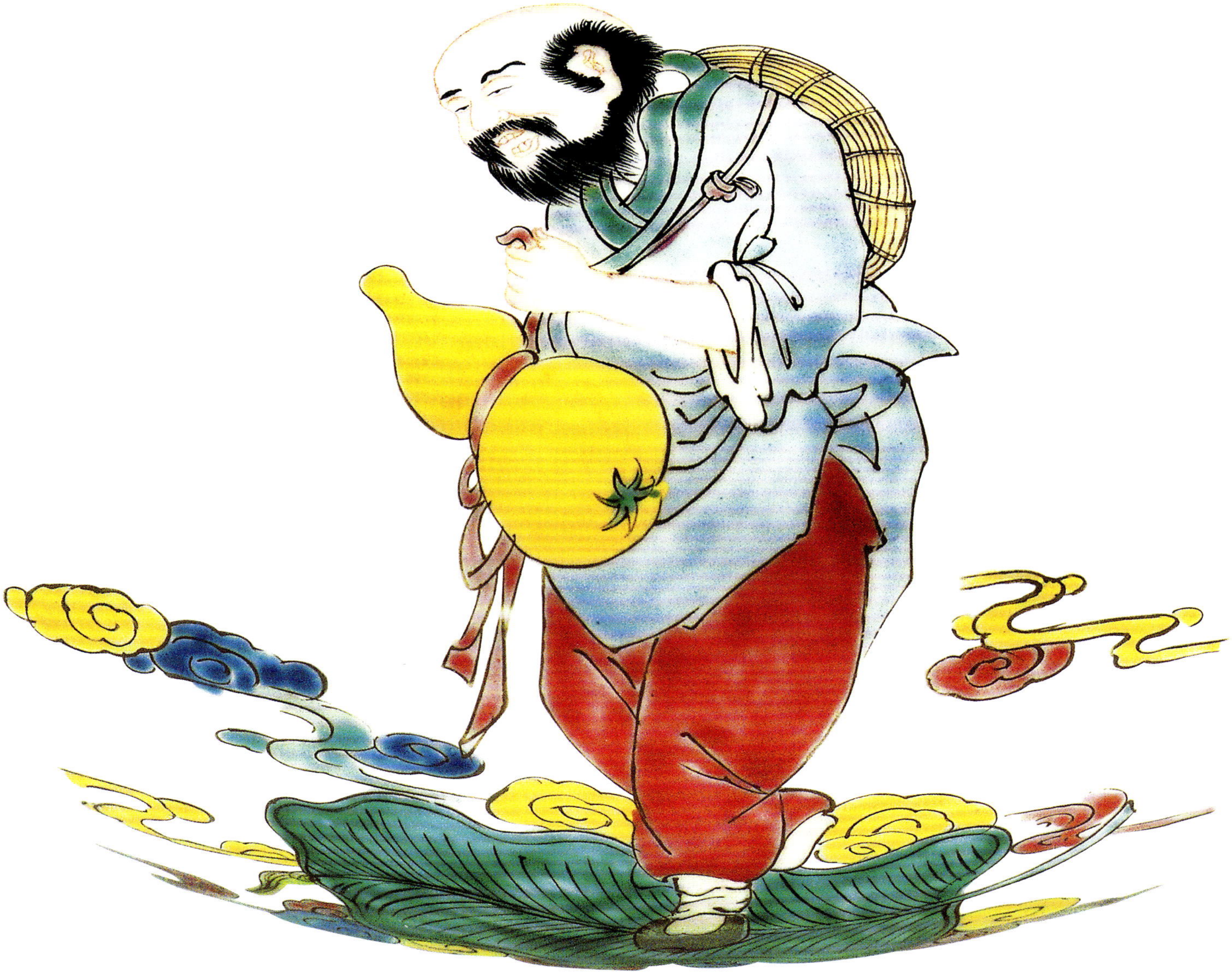

自在王菩薩

自在王尊者，即自在王菩薩。

尊者常聆聽釋迦牟尼佛之精妙法教，據《自在王菩薩經》記載，尊者曾向佛祖請教如何能得大自在：「云何菩薩摩訶薩，於大乘法中得自在行，而能爲人演説此法，以自在力，摧伏諸魔增上慢者及諸外道有所見得諸貪著者，令往大乘，具足大願，成就戒行，得阿耨多羅三藐三菩提？」佛祖爲他和其他比丘、菩薩等詳細作了解説，自在王菩薩歡喜受持。經過長期刻苦的修行，尊者大智本行悉皆成就，了達諸法深妙之義，聲名高遠逾於須彌，深信堅固猶如金剛，法寶普照而雨甘露，並具有高超的醫術，善療諸病。

粉彩瓶

五百羅漢第三二六尊

五百羅漢第三二七尊

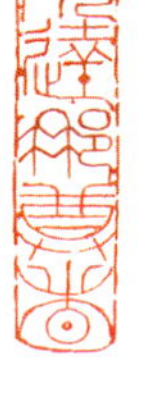

須達那尊者，佛祖的前世身，轉生爲濕波國太子。

尊者自幼善施，修佛教布施行。他將國家的珍寶全部施舍，又將父王的國寶、戰無不勝的大白象施予敵國。父王震怒，將他流放國外，以期通過艱苦的生活使其改過。於是須達那與妻子和兩個女兒乘坐馬車上路了，路上他先將馬車和馬施給了一個婆羅門僧，又將兩個女兒施給他人。最後遇到一個又窮又丑的婆羅門僧將其妻子討走，但其心中却毫不後悔。那個人帶着他的妻子走了七步，回身又將妻子還給他，原來這個人是天神所變，前來考驗他是否真正樂助好施。父王聞知此事，派人將須達那接回本國，贖回太子的兩個女兒，使其全家團聚。敵國聽到須達那的事跡，深受感動，其國王回心向善，送回國寶白象，使兩國言和修好，從此不再戰爭，百姓吉祥安樂。

超法雨尊者

超法雨尊者，即法雨菩薩，比喻佛之教法。佛法滋潤衆生，令由迷妄而至證悟，猶如雨之普澤草木，使其生長，而至開花結果，故以雨譬喻之。

據《佛說決定總持經》載，尊者曾參加佛陀在羅閱祇耆闍崛山中舉行的法會。他智慧通達，攬攝法藏，洞察衆生心意，善於因勢利導，指迷解惑，如細雨滋潤衆生心田。

五百羅漢第三二九尊

德妙法尊者，即三國名僧康僧會，康居國人。德妙法意爲德行增長，功德圓滿，妙塵可得。

相傳尊者祖代居住印度，隨父航海貿易，移居交趾（越南中、北部）。因父母早亡，他便矢志學佛。尊者出家以後，不爲俗情所擾，刻苦修行精通三藏，天文讖緯、占卜諸法，無不知曉，更以文才見長。赤烏十年（公元247年），來到東吳都城建業（南京市），弘揚佛法。吳主孫權喜道術，與康僧會交談後深感佛法之精妙，乃創立建初寺，康僧會於寺中譯經傳法。先後譯出《鏡面王經》、《六度集經》、《杂譬喻經》，又註釋了《安般守意經》、《法鏡經》、《道樹經》等，還初步將梵語介紹到漢地。西晉太康元年（公元280年）寂終，是早期較係統地在漢地傳播佛法的著名僧人。

士應真尊者

士應真尊者，即羅摩阿羅漢，應真，即阿羅漢之舊譯，謂應受人天供養之真人。

據載，尊者原爲憍薩羅國國王達薩拉塔之長子，爲遵守父王之諾言，放逐南印度森林中十四年，隨行之妃子私多爲魔王所劫掠，因而雙方發生戰爭。後得猴神哈奴曼之幫助，夫妻團聚，返憍薩羅國爲王，後皈依佛法，十分虔誠，廣植福田，終證阿羅漢果。

尊者在印度被視爲民族英雄，傳説其爲毗濕奴神之第七次化身，因受諸神之托，乃誕生地界以降伏惡鬼，廣受世人膜拜。據説，信奉士應真尊者，能使自身所有煩惱得以解脱。

五百羅漢第三三一尊

堅固心尊者，或即堅固意菩薩。堅固心，指崇信佛法而不動搖。

據《大庇護遮那成佛神變經》卷第二記載，尊者爲北方地藏佛屬下的大菩薩。他尊重諸佛，愛樂佛法，通曉經論，全心身住於佛法之中，是佛教普通僧衆的功德海，是衆生通往清净樂世的引路人。當他看到孤獨者時，心中便生起慈悲心，當看到外教信徒時，便爲他們誤入歧途而悲哀，當看到他人享有榮譽而高興時，也因他人高興而心生歡喜，當遭受逼迫而忍受委屈時，堅固心菩薩能做到不惱不瞋，無論在何時何處，都能用自己的智慧去開悟衆生，在永無盡頭的修行中，不知疲倦，奮勇前進。

聲響應尊者，佛之弟子。

佛教爲了使衆生了悟諸法皆空，以「十緣生句」作爲比喻，其第六曰「響」，即空谷回聲。當一個人站在谷底，大吼一聲，便會有許多吼聲從四面響起，這些回聲似乎是真實的，其實究竟無所有，正如鏡中影，水中月，夢中幻象，海市蜃樓一般。聲響應尊者因聽到谷中回音而豁然頓悟，證成正果，他佛學高深，並以此聲譬喻衆生，希望衆生俱獲解脱。

五百羅漢第三三三尊

應赴供尊者

應赴供尊者，即佛祖。應供，音譯阿羅漢、阿羅訶，爲佛十號之一。

相傳，應赴供尊者深受世人所供養，堪爲衆生福田，謂爲應供，應供者即是佛，即將成佛稱爲應赴供。應赴供尊者堪稱是大衆的導師，未度者令度，未解者令解，未安者令安，未涅槃者令涅槃。此尊者常立不動，舉足動步則使衆生受益。南行七步，則衆生最上福田；西行七步，則衆生長壽不老；北行七步，則衆生離生死輪回；東行七步，願導化衆生住佛入道，斷滅煩惱魔性；上行七步，使世間不爲不净物所染污；下行七步，使法雨滅地獄猛火，令衆生安穩歡樂。

塵劫空尊者，佛之弟子。塵劫，又稱塵點劫。

據佛經說，塵點劫有兩種，分爲「三千塵點劫」和「五百塵點劫」兩種，均表示極爲漫長的時間。尊者了悟世界之究竟空相，因此不爭不求。在極爲漫長的時間裏，虔心供養一切諸佛，一心修行得大自在，心無所住，神通廣大，超然解脫。

五百羅漢第三三四尊

五百羅漢第三三五尊

光明燈尊者，即光明燈菩薩，獲菩薩果位。

相傳尊者生於無佛之世，據說光明燈菩薩曾與文殊等諸菩薩去恭敬禮拜世間諸佛，他們在七天之中遍遊十方世界，唯見釋迦牟尼佛的分身佛，而不見他佛，於是返回天界如來處。佛祖對光明菩薩等衆人說：過去佛已經滅度，未來佛尚未降生，現在我已不住世間，就靠你們衆菩薩去教化衆生。釋尊告誡他們說：你們要勤修佛法不要放逸，要堅固佛心不使退轉，要使自己獲得無上的智慧，爲衆生廣泛的說法。釋尊提醒光明菩薩等大菩薩，現在無佛住於世間，不要因此而使佛法泯滅，要勸導衆生堅固佛心不使退轉，勸導衆生珍重佛塔寺院，尊敬出家僧衆，不可誹謗賢智大德，對佛的一切教法都要永恒尊重。光明菩薩心領神會，廣說佛法，如天燈照亮世界。

粉彩瓶

336

五百羅漢第三三六尊

執寶炬尊者，即執寶炬菩薩。

據《註維摩詰經》卷一云：「執寶炬菩薩，執慧寶炬，除衆暗冥。」可見，執寶炬菩薩乃是因德行得名，寶炬象征着他所具有的絶大智慧，可以照亮衆生的心智，除去衆生心中像黑暗一樣籠罩著的煩惱憂愁。執寶炬菩薩以大慈悲普覆十方一切世界，心意智慧像天空一樣廣大無限，像海洋一樣幽深無際，他安住不動如須彌山，無所染著如蓮花，内外清净如摩尼寶，光明炙盛如熔真金。他的智慧猶如光明光芒萬丈的火炬，爲衆生照亮了通向極樂净土之路。

功德相尊者

功德相尊者，即功德相菩薩。功德相，又稱功德相嚴，以正觀心性，具一切莊嚴法身而得名。居於西方阿彌陀佛國，獲菩薩果位。

據《七佛八菩薩所說大陀羅尼神咒經》卷第二記載，功德相菩薩曾爲衆講説十大妙行。一、具福弘廣，普慈衆生；二、蔭覆一切，如母視子；三、積德行善，不計其勞；四、精勤修習，舍慧化人；五、行十善行，傳教衆生；六、持戒凈潔，猶如明珠；七、身口意業，以慈爲本；八、所作事業，拯濟爲先；九、爲衆説法，微妙方便，和顔悦色，不違其意；十、常遊諸國，爲大國師。功德相菩薩所講説的十大妙行，後來成爲想獲得菩薩果位僧衆的行爲規範。

忍生心尊者

忍生心尊者，因德行而立名。

在佛教中，「忍」有兩層意思，一是指忍耐違逆之境而不起瞋心；二指安住於道理而不動心。忍生心尊者身處佛法遭受排擠壓抑的時世，他堅持一個「忍」字，面對衆生之怒罵打害而毫不生瞋，對佛法之信仰堅如磐石，毫不動搖。在他的人格感召下，佛教逐漸受到人們的重新尊重和崇信。

五百羅漢第三三九尊

阿氏多尊者，又作阿資答、呵逸多等。

相傳尊者本爲佛的一名侍者，佛祖釋迦牟尼涅槃前，衆生挽留佛祖暫住世間，否則衆生將失去護持，受盡無量之苦。佛祖見此情景，派十六大阿羅漢永住世間，拔除衆苦，安排完畢，佛祖涅槃。阿氏多乃十六大阿羅漢之第十五尊者，與其從屬一千五百阿羅漢居住在鷲峰山中，護持正法，饒益有情。世間衆生如有災難，可誠心發願，設四方施舍大會，以衣食、藥品，施舍衆僧，尊者等十六大羅漢可令施主得無上報果。

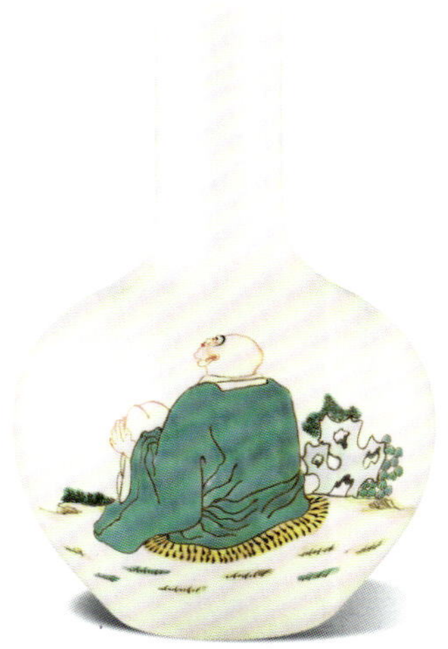

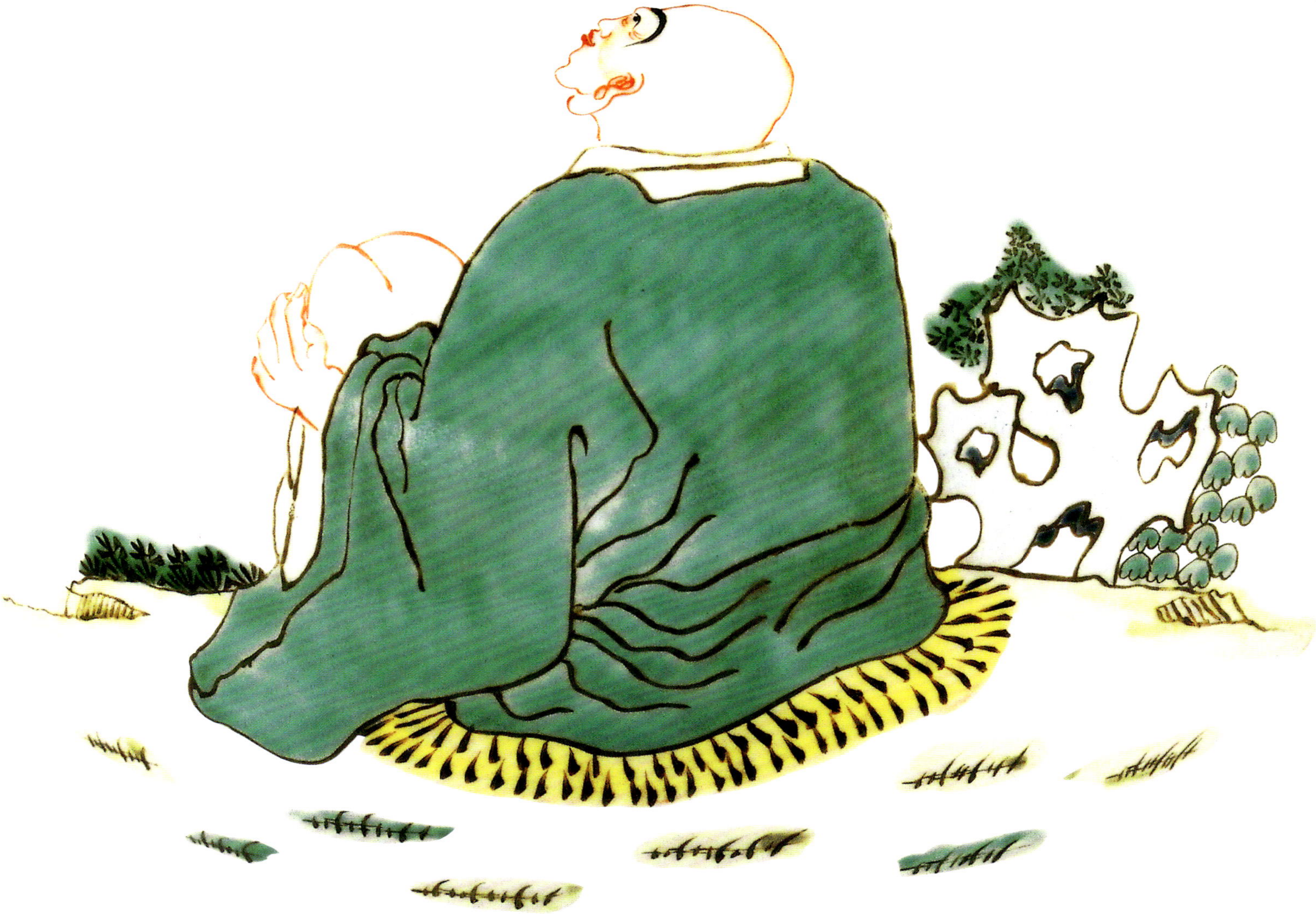

白香象尊者

白香象尊者，即白香象菩薩，因身發異香而得名。

尊者前世爲一白象，因在兩國間的戰爭中，勸説國王休兵息戰，免除百姓痛苦，得以轉世爲人。經常參加佛陀的法會。爲《十住毗婆沙論》卷五所列舉的世人「皆應憶念」的諸方大菩薩之一。身發異香，護持衆生，宣講佛法聲如雷鳴，直入衆生之心，清除諸種蓋障；如樂音、似甘露，滋潤衆生，催引衆生心中之法芽。

五百羅漢第三四〇尊

五百羅漢第三四一尊

識自在尊者，即大白觀自在菩薩。

相傳，出家人祝禱尊者，可預示未來前程。據《金剛瑜珈千手千眼觀自在菩薩修行儀規經》卷下載，僧衆修煉瑜珈真言，在入睡前用衣服將頭蓋住，右側而卧，排除雜念，用右手向右旋轉摩擦面部，同時誦念大白真言二十一遍，唯獨觀想大白觀自在菩薩，入睡後便可進入夢鄉，預見前途吉祥或障礙，若夢見老者、國王、白衣少女、鮮花、水果等，預示前途吉祥。反之，若夢見屠夫、丑女等，則預示前途障礙重重。

粉彩瓶

342

五百羅漢第三四二尊

讚嘆願尊者

讚嘆願尊者，佛之弟子。美其功德爲讚，讚之不足爲嘆，讚嘆，即稱美其德。

佛教認爲讚嘆諸佛是修行的重要法門，據説昔時佛陀與彌勒同修菩薩行，同見弗沙佛入火定而大放光明，佛陀便翹一足，以偈讚佛七日，因而比彌勒超九劫而成佛。尊者發下誓願，修持「贊嘆供養正行」，一心讚嘆供養彌陀佛，因而獲羅漢果。

五百羅漢第三四三尊

定拂羅尊者，即弗若多羅（功德華）。罽賓國（今喀布爾河下遊及克什米爾一帶）人。

據梁《高僧傳》卷一載，尊者少年出家爲僧，通曉三藏，尤精《十誦律》，以持戒清嚴見稱於世。時人認爲他已獲菩提涅槃真正聖果。後秦弘始初年來中國，時帝姚興待以上賓之禮。姚興國師龜茲僧人羅什因其戒範謹嚴，也對他極爲崇敬。此時佛法雖已傳入漢地，然律藏尚未見傳播。知尊者精通律藏，后秦君臣僧俗對他更加敬慕。弘始六年（公元404年）十月，集聚僧徒數百人，在長安寺譯經，請尊者誦出《十誦律》梵文，由羅什漢譯。祇可惜此經譯出三分之二，尊者圓寂，大業未成而巨匠殞，僧俗大衆，悲痛逾常。拂羅東來，使佛教律藏得以流傳中原。

聲引衆尊者，佛之弟子。

尊者勤於修行，精研佛法。自己已得神悟，又慈悲爲懷，冀救衆生於苦海，遂以聲説法，以其音聲作爲感召衆生皈依佛法的手段，使衆生懺悔罪業，修持善行，往生樂土。

五百羅漢第三四四尊

離净語尊者

離净語尊者，佛之弟子。佛之語曰净語。離謂分離辨析，離净語並非遠離净語，而是能分析穢惡，張揚净語。

相傳離净語尊者生於無佛之世，聆聽不到佛的聲音，學法無師，問疑無友。然而，離净語尊者的前世身生於有佛世界，喜聞佛法，勤於思維，雖然未得果位，但是佛性亦相當充盈。轉生今世，尊者生性寂静，仍能分辨香花與毒草，不爲世俗塵障所侵蝕，點滴修持，終於豁然開朗，喜獲羅漢果位。

鳩舍尊者

鳩舍尊者，即鳩舍菩薩。《佛名經》將他列爲應當禮敬的十方菩薩之一。

佛教認爲，衆生不論貴賤貧富，生在凡夫地，都有無量罪過。如或因宿業而生罪，或從六根而起過，或以內心自邪思惟，或借外境起於染著，等等，皆可墜入十惡境地，因此，衆生應向鳩舍菩薩等禮敬懺悔，虔誠皈依，則可滅無量罪，長無量福。

五百羅漢第三四七尊

郁多羅尊者，佛陀之前世身。

相傳很久以前，波羅捺國有五百仙人，郁多羅是五百仙人的老師。因憐憫衆生多苦多難，尊者想求得真正的修煉方法，並發下誓願，如果有人爲他傳授正法，可滿足對方的一切要求。有一婆羅門對郁多羅說：我有修行正法，可傳授給你。爲了表示你的誠意，需剥下你的皮作紙，折斷你的骨頭作筆，用你的血研磨。郁多羅憐憫衆生多苦多難，聽完婆羅門的條件，歡喜踴躍，當即剥皮、取骨、放血和墨，以換取婆羅門的頌偈。婆羅門偈曰：「常當攝身行，而不殺盜淫。不兩舌惡口，妄言及綺語。心不貪諸欲，無瞋恚毒想。舍離諸邪見，是爲菩薩行。」他得偈後，傳授給國民，教給他們誦讀，並照此修行。國內由此少憂愁而多歡樂。

福業除尊者，佛之弟子，因德行立名。

據《增一阿含經》云，福業有三：一施福業，施與貧窮之人，由施而獲世之福利；二平等福業，以平等之慈悲心，愛護一切衆生，因而成世出世之福利；三思維福業，以智慧思惟觀察出離之法，爲出世福善之業。勤修福業，可以得到福報，享受人天樂果。不過，福業還屬欲界之善業，與其相對者爲非福業，即欲界之不善業。福業除尊者由修福業開始，又超越福業修不動業，即色界、無色界之善業，最後唯以心識住於深妙之禪定，導引衆生皆入凈土。

五百羅漢第三四八尊

羅餘習尊者，佛之弟子。

尊者擅長滅除佛教高僧的世俗餘垢，佛教視貪、嗔、痴爲世俗三毒，貪毒使人引取無厭，嗔毒使人易起憤怒，痴毒使人心性暗鈍。諸佛修習既久，心性清净，世俗三毒已永盡無餘。有些高僧、羅漢，雖然己經斷除煩惱，但是仍然殘存世俗的某些垢染，猶如器皿中的香料，香料取走後香氣猶存，又如竈中的柴草，烟火雖熄而炭灰不盡。諸聖者亦有餘習，如舍利弗有瞋恚餘習，畢陵迦蹉有慢之餘習。尊者能以智慧之火，除高僧、羅漢餘習之暗，滋生佛性之明，使僧俗大衆身心清净，增益佛性。

大藥尊尊者，即大藥王菩薩，也稱大藥王子。

據《十住毗婆沙論》卷五記載：「衆生憶念大藥等諸大菩薩名號，可以成就阿耨多羅三藐三菩提。」又據《大寶積經》卷一百一十：「尊者本爲外道，在過去七佛之第一佛毗婆尸佛時植有善根，尊者心向佛法，常思考「識」的意義，可惜始終不能决了。」尊者仰望佛法如饑似渴，常恐佛陀入於涅槃而自己未聞佛法，愚昧無知，不識善惡，迷惑轉輪轉生死苦趣。在一次法會上尊者向佛陀請教，破决疑惑得以解脫。據說尊者能「救衆生之病源，治無明之痼疾」。

五百羅漢第三五〇尊

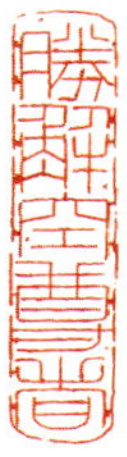

勝解空尊者

勝解空尊者，宋代高僧，祖籍華亭，俗姓戚，法號可觀，又號解空，字宜翁。

尊者自幼學法勤苦，十六歲受具足戒。最初學天臺，拜天臺宗巨匠知禮爲師，受其衣鉢，成爲知禮的四世傳人。後又師從聲震江浙的車溪擇卿禪師學法，學業博洽，曾前往湖州，與名僧慧覺研討禪理。建炎初，主持四明山壽聖寺，紹興元年，主持當湖德藏院，乾道七年主持天臺寺，淳熙九年圓寂，終年九十一歲。

修無德尊者

修無德尊者，即後來被推爲禪宗初祖的菩提達摩。無德，即無功德。

據《五燈會元》卷一載，梁武帝曾問修廟興寺的功德，尊者答稱：「無甚功德。」尊者生當佛法熾盛時，所謂「南朝四百八十寺，多少樓臺烟雨中」。但衆生衹知建寺塑像齋僧，以求消灾免禍，却不知探求佛法精義，求得精神上的解脱。於是心生憫念，便以修無功德之理教導衆生，認爲識得自性即是佛，菩提路本在心中。

五百羅漢第三五一尊

五百羅漢第三五三尊

喜無著尊者，即唐末高僧文喜，賜號「無著」，嘉禾人，俗姓朱。

尊者七歲出家，初學《四分律》，後拜訪大慈山性空禪師，禪師勸他遍訪名大寺，求教於法師名僧。唐懿宗咸通三年（公元862年），文喜遊訪洪州（南昌）觀音院仰山大師，仰山爲他講法，文喜受益匪淺。文喜被指派管掌全寺僧衆，一日有遊訪僧來求齋飯，而齋飯分發已畢，文喜分己飯給其。仰山大師聞知此事，對他大加讚揚。唐末，黃巢軍攻打江南，文喜避亂湖州仁王寺。唐僖宗光啓三年（公元887年），吳越王錢鏐請他住錫龍泉寺。大順元年（公元890年），經錢鏐上奏，唐昭宗賜予文喜紫色袈裟。乾寧四年（公元897年），昭宗特賜號「無著」。

月蓋尊尊者，印度毗舍離國人。

據《請觀世音菩薩消伏毒害陀羅尼咒經》記載，有一年，毗舍離國發生了瘟疫，人民都眼赤如血，兩耳流膿，鼻中出血，口舌赤脹發不出聲音，任何食物皆覺粗澀難咽，思維混亂就像醉人。同時，還有五夜叉，名叫訖拿迦羅，面黑似墨，長着五雙眼睛，牙齒上出，專門吸人精氣。月蓋視人民的痛苦如自己的痛苦，爲了解救苦難，他率領五百長者到毗舍離庵羅樹園大林精舍重閣講堂拜見釋迦牟尼，請求佛祖慈憫一切，救濟病苦。佛祖指示他們應當五體投地，禮拜西方三聖，即阿彌陀佛及其二脅侍觀世音菩薩、大勢至菩薩。月蓋等人依教禮敬西方三聖遂至毗舍離國現身，放大光明，大地皆成金色，瘟疫頓除，夜叉匿迹。

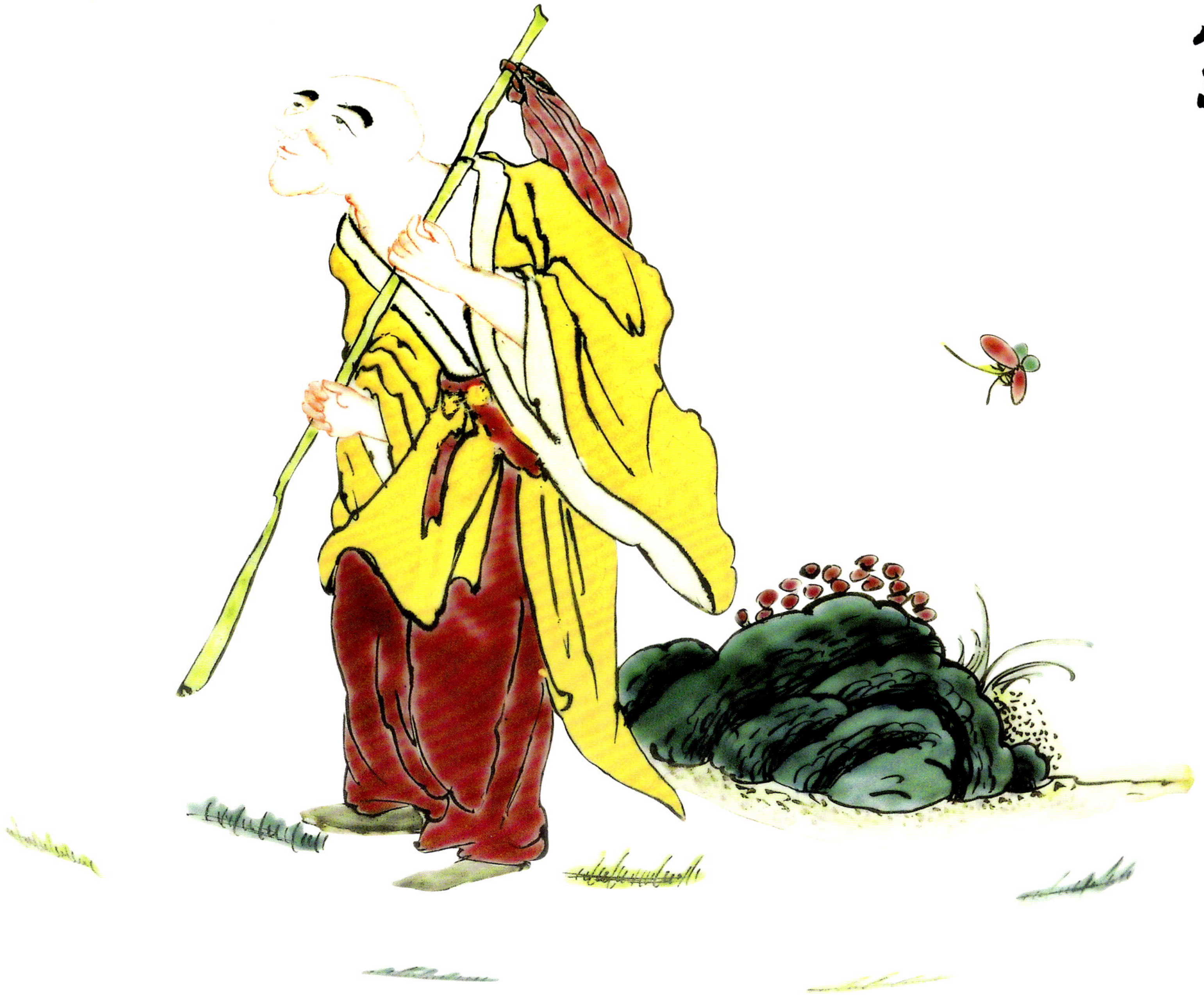

五百羅漢第三五五尊

栴檀羅尊者

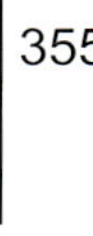

栴檀羅尊者，前世曾爲國王。

相傳，從前有一國王名栴檀羅，發誓要滅絶釋迦種族的男人和女人。據《仁王經疏》卷上記載，當時在深山中居住着一位仙人，他的眼睛可以遍視天下事，見釋迦種族將滅，深感憐憫，遂將僅剩的一個釋族男孩藏在仙府。栴檀羅得知此事後，趁仙人不在府中的時候就將釋種男孩偷走，用太陽光煎煮，釋種男孩即將命終時，仙人又將他救走，用神通把他藏在甘蔗田的牛糞裏，由此釋迦種族得以嗣繼。栴檀羅王作惡過多，他的後代被罰作屠夫、殺人獄卒，身穿垢衣，面目污穢，出行時手執標幟，摇鈴擊竹以自示不潔。佛祖釋迦牟尼成佛後，栴檀羅王的轉世身皈依佛教，痛改前非，廣行善事，佛祖見其改惡從善，大爲喜歡，不計較家族世仇，爲其講法，使栴檀羅終獲羅漢果位。

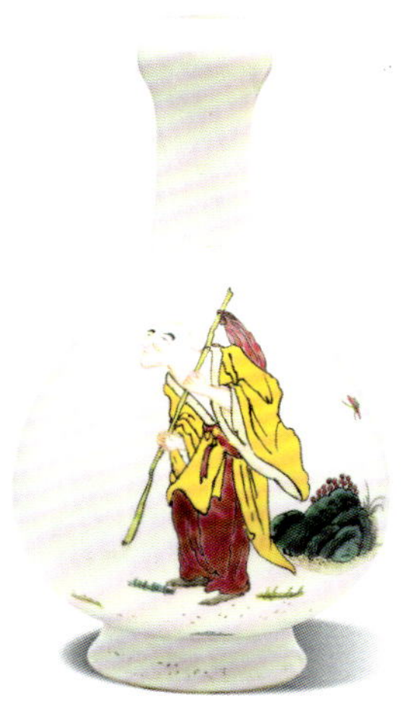

粉彩瓶

五百羅漢第三五六尊

心定論尊者

心定論尊者，佛之弟子。在佛教術語中，定是指「止心於一境，不使散動」。

尊者精研佛典中佛祖與弟子有關佛法的問答，從而獲得重要啓發，消除亂心。據《智度論》卷二六：「亂心中不能得見實事，如水波蕩，不得見面，如風中燈，不能得點。」增益佛法，獲得心定。尊者勤行修習禪定而得定心，定心湛然如止水。此後，更加堅固信心，勇猛精進，終獲正果。

庵羅滿尊者，爲庵羅樹花生出之女，「庵羅」爲印度的一種果樹，又稱庵摩羅，庵摩洛迦。

據記載，尊者嫁給摩竭陀國頻婆娑羅王後，生子名耆婆。耆婆成人後成爲王舍城著名的名醫，皈依佛教，不但醫術高明，而且佛理淵博，常在行醫中勸説國中百姓信奉正法。庵羅樹女將自己的果園一庵羅榼園施給佛祖，請佛祖及其弟子在園内居住、講法傳道，成爲佛教初期活動的重要場所。隨後，頻婆娑羅王也皈依了佛教。佛教學説認爲功德圓滿的女人可轉化爲男人身，庵羅樹之女自己信佛施園，兒子信佛行醫，丈夫也信奉佛教，功德無量圓寂，遂化爲男人身。

頂生尊者

頂生尊尊者，即頂生王菩薩，爲衆生應當禮拜歸命的大菩薩之一。

據說衆生在凡夫地，不論貴賤，或以往世之因，或由今世之業，皆有無量罪過，應於每日初分、日中分、日後分、初夜、中夜、後夜六時，敬禮懺悔。右膝觸地，偏袒右肩，合掌並一心默念尊者名號，可以廣植福田，滅無量罪，長無量福，離生死苦，得解脱樂。

五百羅漢第三五九尊

薩和壇菩薩

薩和壇尊者，即薩和壇菩薩，屬十方諸大菩薩之一。

佛教認爲，世間衆生，若犯有無量惡罪，來世或墮入地獄，受地獄猛火的熏烤；或轉生爲畜生，相互之間血肉殘食；或轉生惡鬼，受百年饑渴之苦。如果犯有罪惡的人頂禮參拜薩和壇菩薩，誠心懺悔，發下誓願改過自新，其罪惡便可獲得免除。薩和壇菩薩又是一切善良衆生的良友與福田，若能歸向三寶，祈禱薩和壇菩薩，可以增長無量的福分，擺脱苦惱，一生快樂，在困難的時候獲得菩薩的救助。敬禮薩和壇菩薩，會得福免禍。

直福德尊者

直福德尊者，佛之弟子。直，即正直而無諂曲之心。

據《註維摩詰經》引僧肇語曰：「直心者，謂質直無諂，此心乃是萬行之本。」福德有二義，一謂一切之善行，一謂因善行所得之福利。直福德尊者以「直」爲發心之始，而成就一切善行，因而得福利之果報，享受人天樂果。

五百羅漢第三六一尊

須那剎尊者，佛祖聲聞弟子。

相傳尊者初入佛門時不守戒律。一日，須那剎向佛祖請教拉弓箭的方法，佛祖認爲弓箭有傷衆生身命，且須那剎佛性淺薄，拒絶了他的要求。須那剎大爲不滿，揚言説：我不是佛的弟子。佛祖住在白善山時，午夜起床誦經，須那剎反披袈裟，兩手高舉恐嚇釋迦牟尼，並高呼道：我是天地大神，我今降臨世間，你快快回避。佛祖説：我將要成佛時，遭十八億惡魔圍攻，不能損傷我一根毫毛，你反披袈裟狂呼怪叫，難道能嚇倒我嗎？須那剎狼狽而逃。後來，須那剎受佛祖的感化，誠心皈依佛法，并自願作佛祖的侍者，終獲羅漢果位。

喜見尊尊者，即一切衆生喜見菩薩。

據《妙法蓮華經》卷六説，在過去世中，有一佛，名叫日月净明德如來佛。尊者聽到此佛説《法華經》，便修習苦行，滿兩千歲後，得現一切色身三昧。他對自己修行的成果非常高興，便想報答日月净明德佛。於是踴身於虚空，雨灑曼陀羅等各種花香。但是，他感到以法力供養不如以身供養，便服食各種香料香油，滿兩千歲後，以香油塗身，再裹上天寶衣，天寶衣上復塗香油，然後發神通力使其自燃，頓時光明遍照八十億恒河沙世界，身火一直燃燒了一千二百年才熄滅。尊者命終，轉生於净德王家中，前識未泯，又上虚空到日月净明德佛所，日月净明德佛將歸於涅槃，便以佛法相付。尊者在佛涅槃後將舍利裝入十一萬四千寶瓶，起建十一萬四千塔供奉，又自燃兩臂在各處塔前供養。因其懂得感恩，意志堅定，終修成正果。

五百羅漢第三六三尊

韋藍王尊者

韋藍王尊者，又稱韋藍菩薩。

據《佛名經》卷第十七記載，韋藍菩薩屬十方諸大菩薩，具有清净天眼，能遍觀世間善惡諸事。韋藍菩薩勸導衆生滅惡興善，人生在世，誰能無過，修養高尚的人偶爾也起煩惱。衆生若能誠意懺悔，不但可以減除罪過，而且還能增長無量功德，甚至可以樹立如來無上妙果。並告誡衆生交友要慎重。即便自身清潔，如遭逢惡友，也會造下無數的罪業而墮落地獄。善於修身養性的人，須身不做惡事，口不出惡言，心不思惡念。偶爾做了惡事的人切不可隱瞞，因爲天上地下的神鬼把每個人的善惡都絲毫無差地記録在册，閻羅王不會放過有罪惡的每一個人。

據説信奉此尊者，可幫助自己消除以往罪惡。

提婆長尊者，即僧伽提婆。本姓瞿曇，爲北印度罽賓國人。

尊者學通三藏，尤善《阿毗曇心論》，洞其纖旨。爲人俊朗有深鑒，而儀止温恭。前秦建元年間來到長安，後因避亂移居洛陽，與竺佛念後譯出《阿毗曇八犍度論》。後應邀渡江到廬山，和名僧慧遠一同居住，切磋佛理，譯出《阿毗曇心論》及《三法度論》。隆安元年辭別慧遠，來到建康，受到王公貴族和名士的尊崇，虔信佛法的琅琊王司馬珣還將尊者迎入其精舍中，大會群僧，請尊者講阿毗曇學。此時尊者已精通漢語，他口若懸河，使出平生所學，衆心悦服。他還受司馬珣之邀重譯《中阿含》等經，總計譯著達百餘萬言，其道化聲譽極高，爲佛法在世間的傳承做出了突出貢獻。

成大利尊者，即成利菩薩。成大利，意即成佛。

相傳，成利菩薩在過去時代，曾降伏了世間的一切惡魔怨鬼，以無邊的智慧利益天下衆生，當時的世間大衆都盡心供養成大利尊者，對他恭敬而廣泛贊揚，對他行頭而觸地禮。在現在世，成利菩薩早已功德圓滿，可獲得金身佛果，但是他憐憫衆生苦難，仍願長住世間，度衆生出苦海，另入極樂净土。

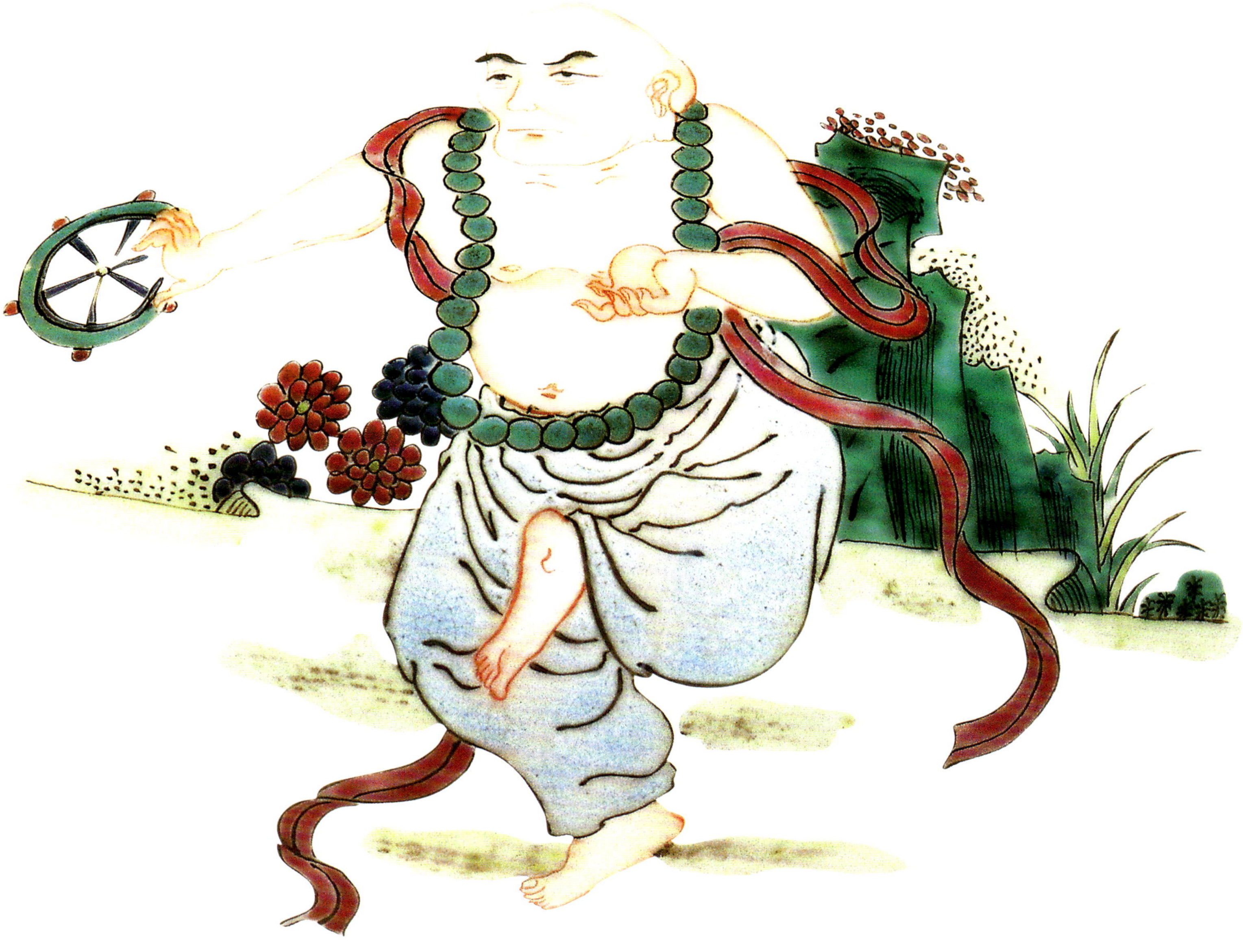

法首菩薩

法首尊者，即法首菩薩。

據《佛説正恭敬經》載，尊者曾參加佛祖在舍衛國祇樹給孤獨園舉行的法會，聆聽過釋迦牟尼佛之法教。又據《菩薩瓔珞本業經》卷上記載，在娑婆世界西北無極遠處有一金剛佛國世界，其佛名一乘度，法首是一乘度佛前的上首弟子，爲衆生應當禮敬的大菩薩之一。該經指出，衆生應當誠心懺悔煩惱業障，如不及早懺悔，業報至時，大命將盡，地獄惡相盡現眼前，此時悔之已晚。《十住毗婆沙論》卷五亦云，衆生禮敬法首等大菩薩，可以發阿耨多羅三藐三菩提。

五百羅漢第三六七尊

蘇頻陀尊者，爲佛祖的最後一位弟子。

據說佛祖釋迦牟尼將要涅槃，衆生悲哀，而且心懷恐懼，佛祖去後將失去護持，世界將陷入苦難之中。佛祖見狀，派十六大阿羅漢永住世間，驅逐邪惡，保護衆生。蘇頻陀乃十六大阿羅漢中的第四尊者，其率領從屬七百阿羅漢居住在北俱盧洲，與十六大阿羅漢共同救護衆生。佛祖涅槃後，南瞻部洲人的壽命極短，剛過十歲就要死去，而且刀兵四起，相互誅戮，佛法也難以流行。蘇頻陀及十六阿羅漢一起，來到南瞻部洲恢復佛法，宣講佛之教義，度無量衆生出家爲僧，並廣說佛法以勸阻刀兵。從此，戰亂平息，百姓安樂，此洲衆生壽命得以大增，佛法熾盛不息。

粉彩瓶

368

五百羅漢第三六八尊

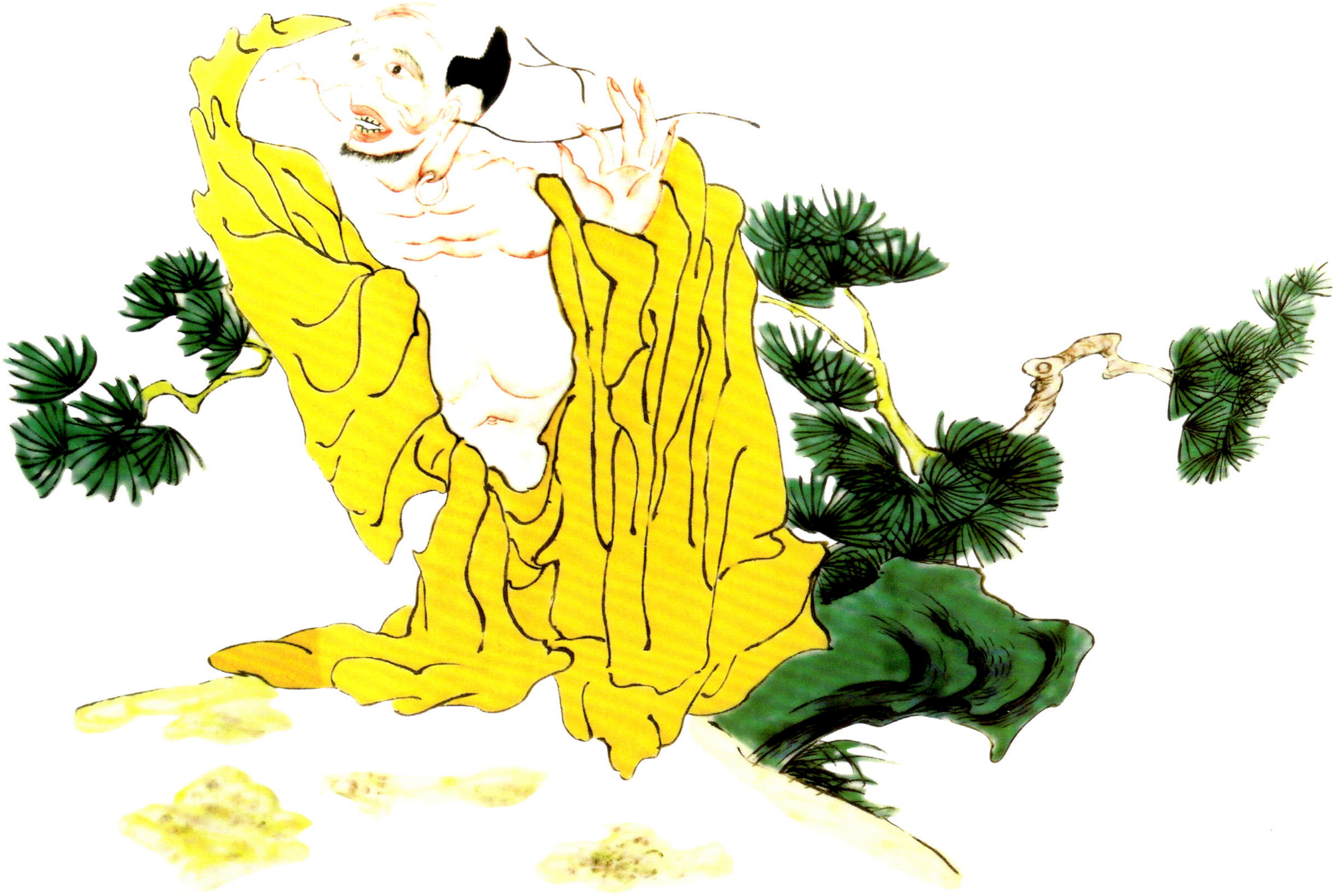

眾德首尊者，即功德首菩薩。

該菩薩以功德智慧修煉其心，聲名高於須彌，深信佛法堅固猶若金剛，法寶普照而雨甘露，深入緣起斷諸邪見。該菩薩對於佛法精通圓融，辯才無礙，能熱心向大眾宣傳佛法，因其說佛法音聲如雷震獅吼，使眾生心中諸魔障一掃而光，菩提心豁然呈露，因而深得眾生愛戴。

五百羅漢第三六九尊

金剛藏尊者

金剛藏尊者，即金剛藏菩薩，又稱金剛藏王，爲賢劫十六尊之一。

此尊者獲等覺階位，居大乘階位五十二位中的第五十一位，是諸菩薩衆的最高等位。據説他在諸劫之中修行圓滿，常轉法輪，利益衆生，積聚了與諸佛一樣多的功德；尊者心身清浄，佛性堅固如同金剛石；他遍參諸佛，獲得了與諸佛同樣的慈悲與智慧，他智慧鋭利，能分析最空奥的疑點，能破解極細微的惑障。金剛藏菩薩無論是建立的功德還是自身的佛性，都已具備了成佛的因緣，因而他即將獲得佛果，臨居佛位。

瞿伽梨尊者

瞿伽梨尊者，佛祖之從弟。斛飯王之子提婆達多的弟子。

根據佛教傳説，一天夜晚，舍利弗、目犍連二人途中遇雨，便借宿於一陶工家。其家有一女人，因夜夢失精，早晨沐浴時被瞿伽梨看到，瞿伽梨便誣陷舍利弗、目犍連二人德行不净。佛祖對瞿伽梨誹謗好人非常生氣，多次加以申斥，而瞿伽梨却不改。於是佛祖罰其生瘡而死，墮入阿鼻地獄。後來其悔過自新，轉生世間，勤修佛法，終得羅漢果位。

五百羅漢第三七〇尊

日照明尊者，唐代中天竺高僧，梵名地婆訶羅，意譯日照。

據說尊者通曉三藏，精於咒術，嚴守戒行而神機朗逸，曾住於摩訶菩提寺及那爛陀寺。永隆初年，跟隨玄奘法師遠涉流沙來到中國，適逢唐高宗弘揚佛教，迎請日照住錫長安魏國西寺，下詔聚集佛界大德道成律師、薄應法師等十位名僧譯經。時有賢首法師，常常感嘆佛經缺而未圓，聞知日照譯經，視爲大善大德，親自前來協助校勘，前後譯、校、補缺達十八部之多。武則天垂拱年間圓寂於東都洛陽，其弟子建塔供養，塔旁建寺，後經梁王武三思奏請，賜寺額名「香山寺」。該寺院風景優美，爲洛陽當時的著名寺院。

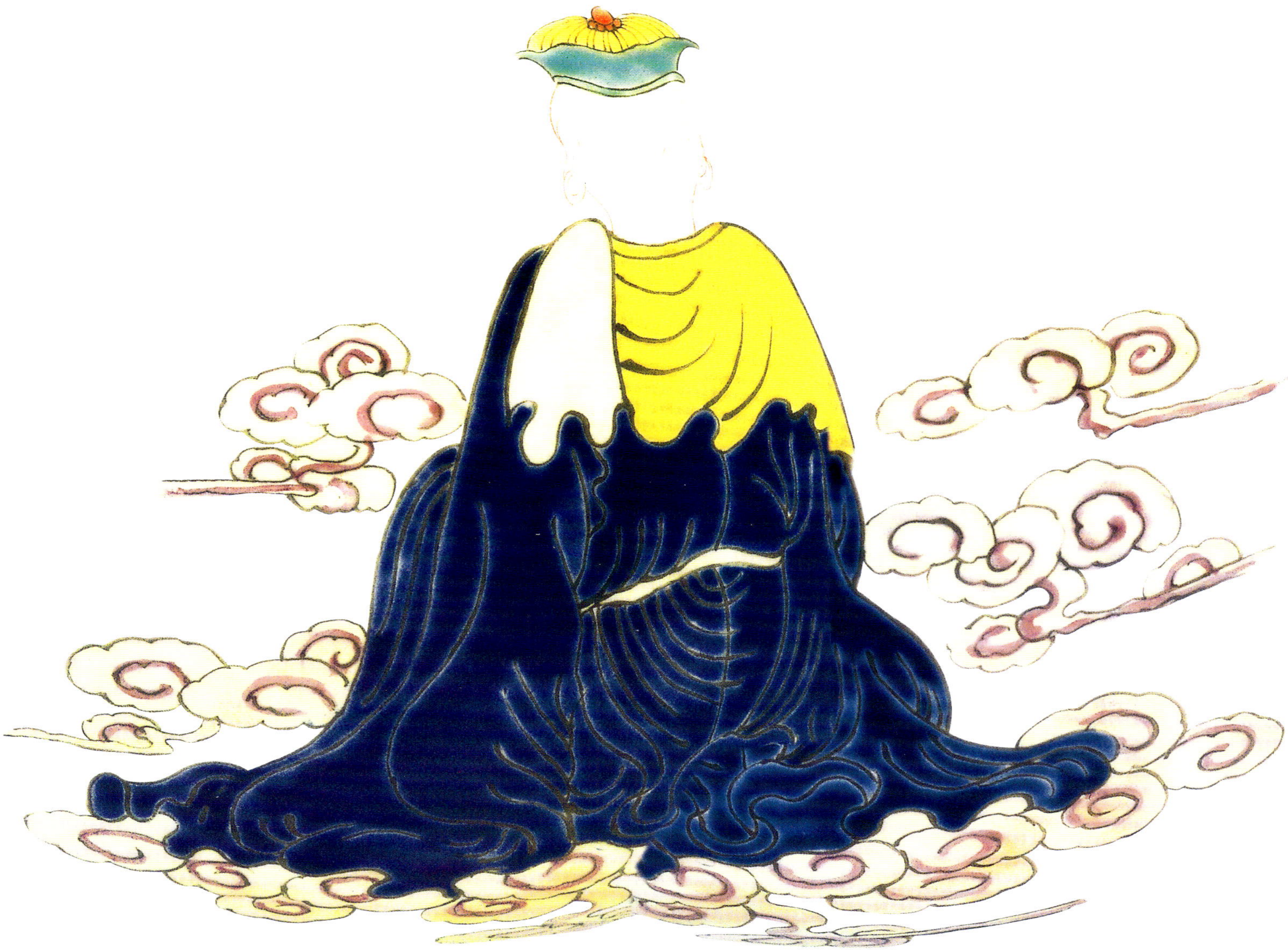

無垢藏尊者，即無垢藏菩薩。

據《大寶積經》卷二十九記載，有一佛國世界名遍清净行世界，其佛名爲普花如來，無垢藏是普花如來佛前上首菩薩。當佛祖在王舍城耆闍崛山中說法時，光明遍照十方無量佛土世界，普花如來便令無垢藏菩薩率領九萬二千諸菩薩衆前來聽法。無垢藏到達後，先頭面禮足，向釋迦牟尼佛致敬，然后將普花如來命他轉送的七寶千葉蓮花轉呈佛祖，並轉達普花如來對佛祖的問候。說完便昇上虛空，結跏趺坐，專心聽講，深得佛祖賞識。

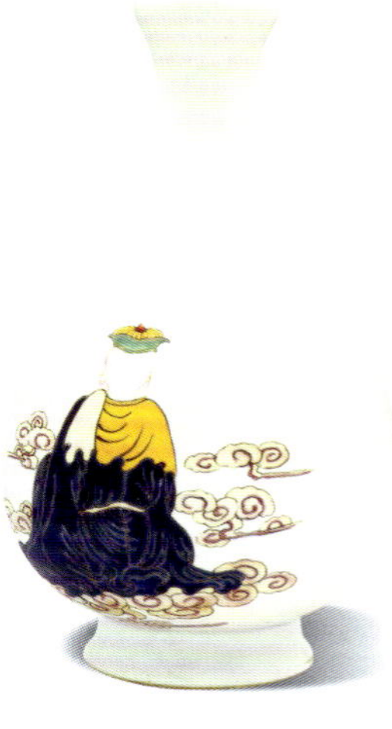

五百羅漢第三七三尊

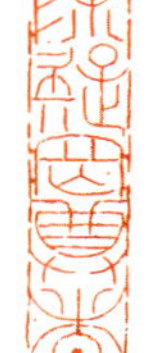

除疑網尊者，又名除疑菩薩。

尊者已獲得阿耨多羅三藐三菩提（正等正覺），轉法輪、雨法雨、擊法鼓、吹法螺，廣布佛法於世間，濟度衆苦，利益衆生，饒益天上衆神與世間百姓。他勸導衆生要孝順父母。勿傷人，勿欺人，勿擾人，不盜竊佛塔、寺院。尊者能用佛法解除衆生疑惑，皈依佛法，引導他們走上佛國清净樂土，使衆生皈依佛法，獲得永遠的解脫。

無量明尊者，即無量明菩薩，爲妙禪佛土世界無相音佛前的上首菩薩，無量明即無限光明之意。

據《華手經》卷四記載，在破疑佛居住的疑悔世界和無邊功德成就佛居住的德住世界之間，有一處佛土世界，名叫妙禪，尊者爲無相音佛前的上首菩薩。相傳，尊者具有絶大智慧，其光明能掩蓋日月，遍照人間，使衆生走出幽冥獲得正等正覺，走入佛國清浄樂土獲得解脱。

五百羅漢第三七四尊

除衆憂尊者，即除一切憂冥菩薩，密號大救金剛，居胎藏界曼陀羅地藏院最上端。

佛教認爲，世間充滿種種痛苦。其一，生老病死之苦，是世間衆生每個人都不能避免的痛苦；其二，愛別離苦，與妻子兒女及親朋好友離別，情誼難舍而産生的痛苦；其三，怨憎會苦，與相互仇怨憎恨的人相會，心情不快而産生的痛苦；其四，求不得苦，迫切追求而又不能得到所追求的物質或感情，因此苦不堪言；其五，五陰盛苦，人的身心總體成爲五陰，身心熾盛生長，而又由全身心承受一切諸苦。世間諸苦充斥，諸苦生衆憂，衆憂深如海，世間有情都墮入憂懼之海不能自拔。尊者憐憫衆生，通過廣布佛法，使衆生産生智慧，智慧生而衆苦滅，解除了一切衆生的憂惱與冥想。

無垢德尊者，即無垢德菩薩。

佛教認爲，人心本自清净，但爲煩惱所染，猶如明鏡被灰塵掩蔽，尊者已無有煩惱恢復了清净本性，據《十住毗婆沙論》卷五載，衆生若禮敬尊者，可以得無上正等正覺，憶念尊者之名，可以幫助衆生拂去塵埃，呈現晶瑩無瑕之本體。

五百羅漢第三七六尊

五百羅漢第三七七尊

光明網尊者，即光明網菩薩，爲護念佛行之二十五菩薩之一。

佛教認爲，對於具有邪見之人而言，佛法猶如光明網，能令其弃暗投明。據載，彌勒佛曾發下誓願，普度衆生升往極樂净土。若世間衆生能口念彌勒佛號，口心一致，便能感到彌勒佛大悲願力的回應，念佛者的心意與大悲願的回應力相感應，念佛者就能進入念佛三昧。天下善良的人修持此法，可昇往極樂净土；天下的惡人修煉此法，可改邪歸正，免除禍灾，久而久之可昇往極樂净土。光明網菩薩專意保護修念佛行的諸衆生，禁止兇神惡鬼擾亂修行者心思，使他們日夜獲得安穩。當修煉者功德圓滿時，光明網菩薩便與彌勒佛一起前來迎接，使之轉生極樂世界。

粉彩瓶

378

五百羅漢第三七八尊

善修行尊者，即修行菩薩。

尊者智慧寬廣，崇信佛法，住於堪忍地中，善於忍受種種苦惱。《南本涅槃經》卷十一曰：「菩薩摩訶薩住此地已，則能堪忍貪欲恚痴，亦能堪忍寒熱饑渴，蚊虻蚤虱，暴風惡觸，種種疾疫，撾打楚撻，身心苦惱，一切能忍，是故名爲住堪忍地。」可見，修行菩薩象徵着修習佛法的艱苦過程。尊者忍受種種苦惱，皆是因爲憐憫衆生，盡力將痛苦擔負起來，而使衆生得到解脱。

坐清涼尊者，爲唐代名僧，俗姓夏侯，祖籍山陰。

相傳尊者十一歲出家爲僧，法號澄觀。成年後遍遊南北名寺，禮訪高僧，誦各派學說，且博采子史經傳之學，受請於各大名寺講經，名聞遠近。唐德宗貞元八年，應召住長安爲皇帝講經。貞元十五年（公元799年）四月，德宗壽誕節，備車輦儀仗迎澄觀入內殿講華嚴宗旨。講經畢，德宗對群臣說：「朕師言雅而簡，辭典而富，能以聖法清涼朕心。」於是賜號「清涼國師」。唐憲宗元和五年（公元810年），任命爲僧統，領管全國佛教。唐文宗開成三年（公元838年）清涼國師圓寂，終年一百零二歲。尊者身歷九朝，先後爲七帝講經，弟子有密宗、僧叡、法印、寂光，得法者凡百餘人。著作有《大方廣佛華嚴經疏》六十卷、《隨疏演義鈔》九十卷、《華嚴綱要》三卷等三十多種。

無憂眼尊者，即阿育王。意譯無憂王。又有天愛喜見王之稱。生於佛陀入滅後百年左右。

尊者爲中印度摩竭陀國孔雀王朝第三世王，約生於公元前三世紀，統一印度，爲保護佛教最有力之統治者。傳說尊者幼時生性狂暴，不爲父王所喜愛。父王死後，他殺掉諸兄弟而登王位，以武力統一印度。登位之初，性情不改，殺大臣戮婦女無數，還建造一座大地獄，屠戮人民。後來翻然悔悟，歸信佛教。立佛教爲國教，建寺、塔各八萬四千座，又在華氏城命目犍連子帝須召集主持了佛教第三次結集，並在全國頒布敕令和教論，刻制於摩崖和石柱。結集完成之後，阿育王還派遣傳教師去四方傳布佛教，推動佛教傳播到古印度各地以及毗鄰國家，功德無量，故其後半生有「達磨(正法)阿育王」之稱。

五百羅漢第三八一尊

去蓋障尊者，全名爲除一切蓋障，即除一切蓋障菩薩。居胎藏界曼陀羅十三大院之第八位。

此尊者初入佛門，住修浄菩提法門，然而不能耐受長時間精修的勤勞與辛苦。後悟得除一切蓋障三昧，從此不畏勞苦，堅持修煉，終于見法明道，具五神通力，獲菩薩果位，與諸佛同住。據説尊者若口念真言，便可發衆生的善性，使衆生的智慧得以發揮，衆生以自身的智慧清除四種垢染，最終獲得清浄因緣。尊者具大慈大悲之心，爲大衆拔除障門，滿足衆生之願，使衆生身心安穩而無畏懼。

粉彩瓶

382

自明尊尊者，佛之弟子，因德行而名。

在佛教中，明是智慧之別名。《佛地論》卷一曰：「有義明者以慧爲性，慧能破闇故説爲明，有義無礙善根爲性，翻無明故。」又《大乘義章》卷十四曰：「知法顯了故名爲明。」尊者解脱衆生於苦海，并善於激發衆生所具的潛在智慧與能力，使其明心見性，脱離垢染，進入清净的佛國樂土。

和倫調尊者

和倫調尊者，即和倫調菩薩。

相傳自從無數劫以來，尊者便已開始學佛求道，在往昔世，釋尊曾向他學習般舟三昧。他已具備了佛的功德，但發下誓願，地獄不空，誓不成佛，即衹有當天下衆生都獲得解脱之後，他才成佛。而今，尊者住於世間，衆生若遇有急難，衹要呼喚其名，就能遇難成祥，轉危爲安。經常供養，參拜尊者，死後可被迎往極樂國土，轉生於蓮花花瓣之中。

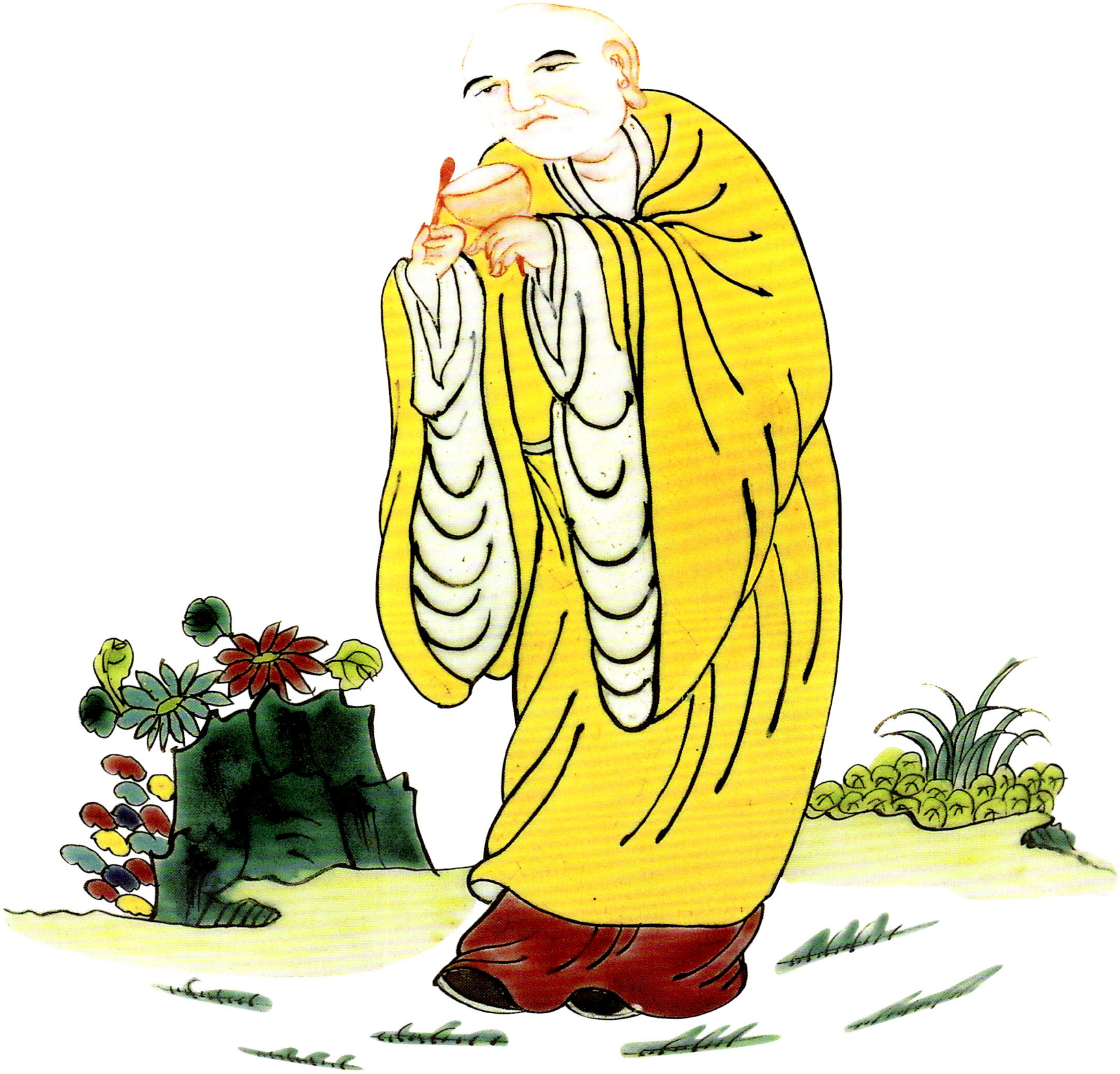

净除垢尊

净除垢尊者，即净三垢菩薩。

據《文殊支利普超三昧經》記載，净三垢菩薩和諸大菩薩、比丘一起點化阿闍世王，使之開悟。净三垢菩薩因德行立名。三垢，又作三毒、三根，即貪、嗔、痴，此乃產生一切煩惱的根源。貪，指對自己喜歡的事物生貪欲之心；嗔，指對自己不喜歡的事物生恚怒之心；痴，指看不清事物本質的迷茫之心。净三垢菩薩經過修行，清除了貪、嗔、痴，拔除了煩惱之根，並幫助衆生斷絕三毒，脱離苦海。

五百羅漢第三八四尊

五百羅漢第三八五尊

去諸業尊者，又名除業菩薩，爲釋迦如來五佛頂之一。

據《尊勝佛頂修瑜珈法儀規》卷下記載，佛祖慈悲無量，憐憫衆生遍墮惡趣之苦，便入除障三摩地，佛入定後，從其頭頂顯示出輪王形象，此輪王即尊者，頂背祥光輝曜赫奕，照映世間。尊者出現時，十方世界發生六種震動，一切地獄六道衆生，或即將墮入地獄的罪人，都被救助而獲得解脱，昇往十方清淨樂土。尊者能清除一切惡道和一切有情的生死苦惱，參拜尊者，可免除今世及前世一切惡業。

慈仁度善

慈仁尊尊者，即慈仁菩薩。

據《菩薩瓔珞經》卷十四載，當佛祖在摩竭陀國尼連禪河邊菩提樹下成道後，在法樂講堂舉行法會。十方諸菩薩均從各佛國世界來到佛陀身邊，勸請佛陀解救衆生之苦難，尊者曾參加佛陀的法會並在法會上讚頌佛陀：「諸法其深奥，如空無端緒。達本無諸道，故號人中尊。」其慈悲廣大，普度衆生至極樂净土，做善事無數，深受世人敬仰。

五百羅漢第三八六尊

無盡慈尊者，即彌勒菩薩。名阿逸多，意譯慈氏。

尊者生於南天竺婆羅門種族，多年跟隨佛祖學習佛法，探討解救衆生的方法。曾問爲何有人奉佛而不能解脱，釋尊解釋説：有人自稱信奉佛教但對佛法心存疑惑，不能真正獲得佛的智慧。他們相信禍福報應，却不禮敬佛，不聽佛經，不參拜諸菩薩及聲聞聖衆，所以不得解脱。若堅信佛法，明了佛智，參拜諸佛菩薩，一心利益衆生，來世就會轉生到七寶蓮花花瓣中，身放光明，脱離苦海，尊者銘記佛祖的教誨，滅度後住兜率天宮内院，四千年後降生人間，在華林園龍華樹下成正覺。

颰陀怒尊者，即賢護菩薩。賢護，爲八大菩薩之一，十六大菩薩之一。

據《大寶積經》卷一〇九記載，尊者原爲王舍城中最大富商之子，因前世所修福業，在家享受快樂果報。他不論到哪裏，總有六萬最大商主跟隨其後；他家中總是鋪設着六萬張最好的床榻，上面覆蓋着各種華麗顔色的被褥；他身邊有六萬名美麗的女子侍候着，她們都有一副柔軟細滑的肌體；他吃飯時，桌上總是陳列着六萬種菜肴，滋味美妙醇香。總之，尊者享受的快樂，連忉利天和天帝釋也無法相比。他不但能以如來金剛之智慧善於除卻衆生之疑悔，又能以如來一實之慧光，巧於救濟處黑暗中之衆生。

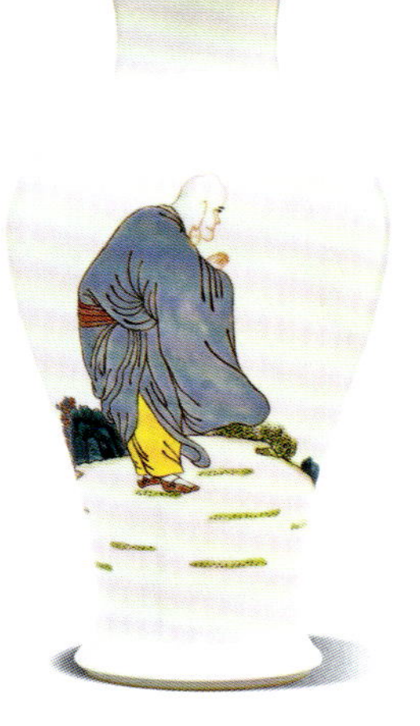

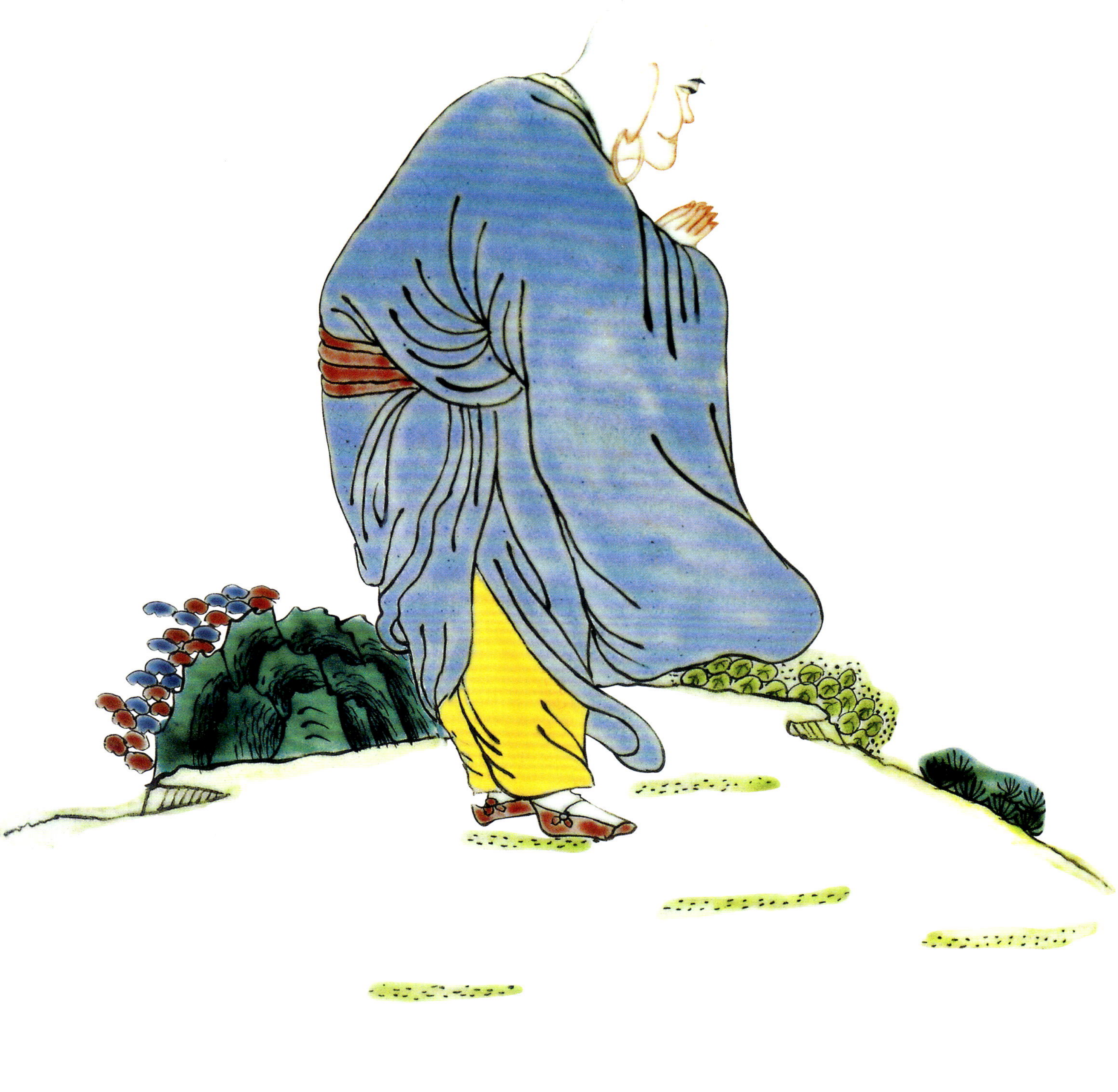

五百羅漢第三八八尊

那羅達尊者，原爲南天竺一神仙阿私陀的童子。

佛祖釋迦牟尼降生人世前，南天竺有一神仙名阿私陀，在增長林中修煉仙道，法力威猛，具五神通力。阿私陀有一侍童子，名那羅達，常常侍立仙人身後，持拂塵爲仙人驅逐蚊虻。據《佛本行經》卷第九記載，一日，阿私陀遥望净飯王宮祥光映照，便帶領那羅達去察看究竟。師徒二人來到净飯王宮，得知净飯王喜得貴子，仙人便請來全城的相師爲悉達多太子看相，衆相師都說太子相貌端好，必當大貴。阿私陀仙人也親自預卜未來，發現悉達多太子今後必成正果，便辭別净飯王，携那羅達飛向增長林。仙人對那羅達說：有佛要出現在今世，此佛就是净飯王的太子悉達多。

行願持尊者

行願持尊者，佛之弟子，因德行立名。行願，即身之行與心之願。

在佛教中，龍樹之菩提心論，把菩提心之相分爲行願、勝義、三摩地三種，並把一切利益衆生的成佛之願謂之行願菩提心。它認爲：行與願互相依持，俱修而不偏起。有願而無行，猶如欲度彼岸，不肯備於船筏。尊者立下拯救天下衆生的宏願，又堅定施行，故得以證阿羅漢果。

天眼尊尊者，佛之弟子。天眼，五眼之一，爲天趣之眼。

相傳，尊者一直以來崇信佛法，利益衆生，且於禪定中攝取世界地、水、火、風四大精華，修煉眼根。功德具足，智慧通達，轉生世間時便具備了天眼功能。他的眼睛可以觀察無限遠及無限近、無限粗大及無限細小的一切物體，能夠看到世間衆生心性的善惡，每個人前生的善惡諸業，以及當世的人將轉世到何處。天眼尊者根據每個人的善惡，爲他指出消除罪惡、求得解脫的方法。據《大方廣佛華嚴經》卷第十九記載，天眼尊已獲得佛的果位，他饒益衆生，爲大衆演講佛法，以求使世間有情永出惡趣，舍離諸苦，凡是天眼尊到過的國土，五穀豐登、萬民歡樂，天地鬼神都感受到他的恩澤。

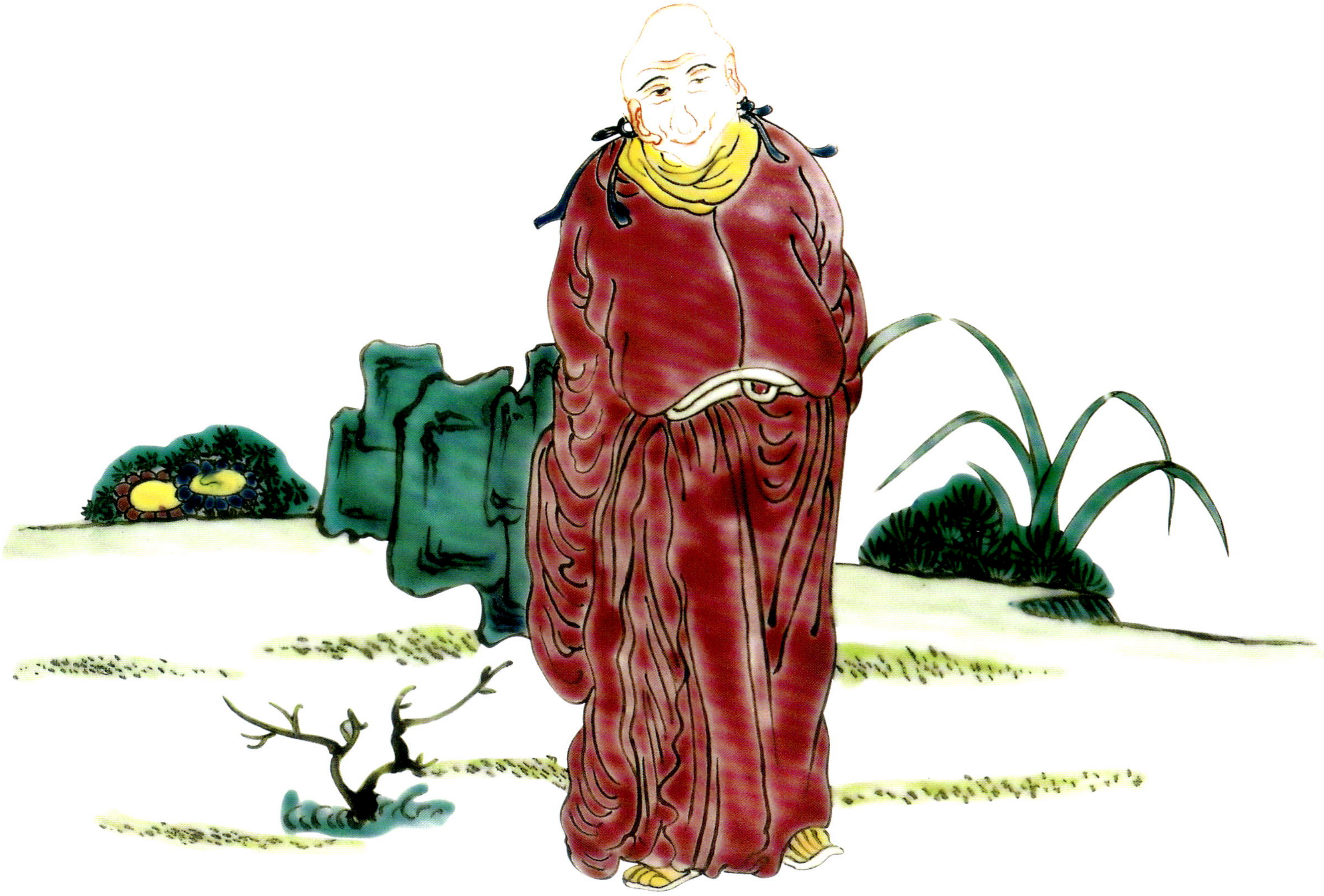

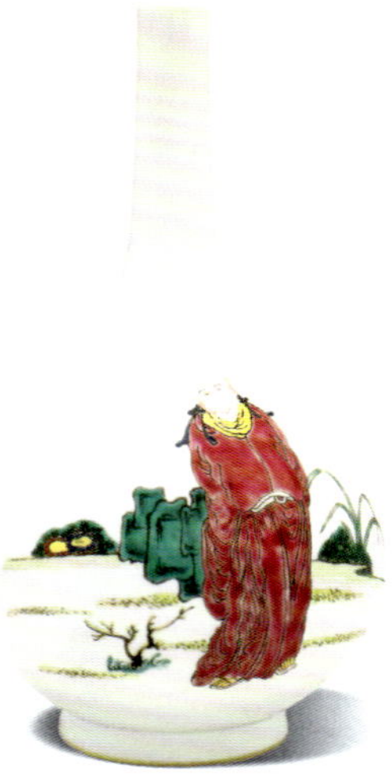

無盡智尊者，即無盡智菩薩。

據《佛説大般泥恒經》卷一記載，當釋迦牟尼佛在拘尸那迦城熙連河邊堅固林雙樹間即將涅槃時，尊者極度悲痛，急忙與其他衆菩薩趕到佛祖身邊。佛陀安慰他和衆人勿生悲痛，並演説無上妙法，無盡智菩薩恭敬聆聽。尊者曾在無數劫中修習净戒，興隆三寶，轉正法輪，成大莊嚴，行處堅固，一切功德悉皆成就。他慈悲爲懷，隨順世間，勸導衆生勿依仗權勢胡作非爲；勿亂交壞人；勿虐待父母；勿貪飲無度等，否則，將受地獄之苦。信奉無盡智尊者，可使未度者度，未脱者脱。

五百羅漢第三九三尊

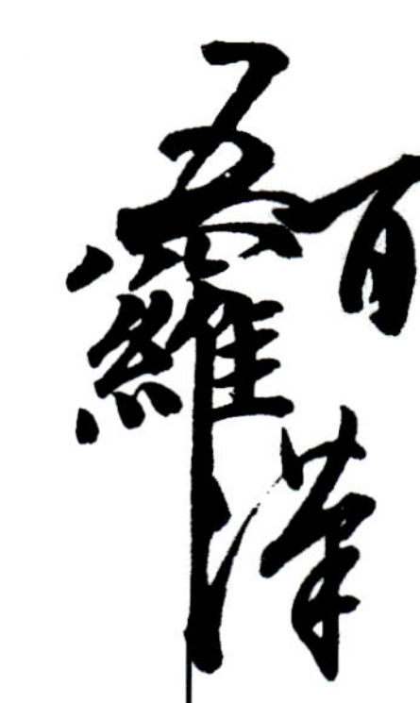

遍具足尊者

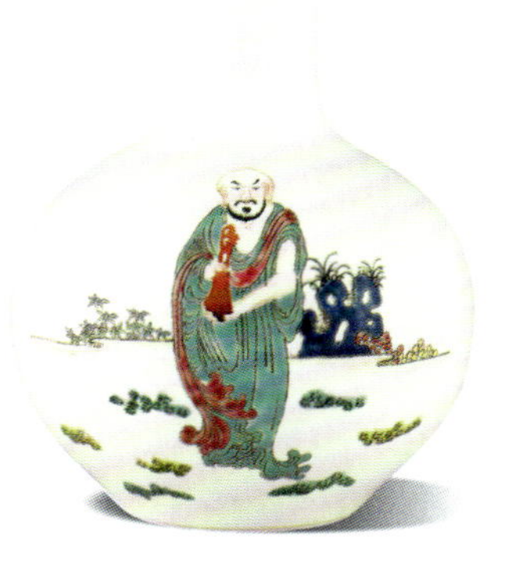

遍具足尊者，即遍濟世間衆生之具足阿羅漢。

據《佛名經》卷十四記載，尊者功德圓滿，慈悲衆生，願天下人都能昇極樂土。特別是殘疾人，能得到康復，令盲者得視，聾者得聽，啞者能言，饑貧者豐衣足食，無一人受饑寒之苦。尊者願衆生形貌端麗，妙像莊嚴，爲人所喜，願人與人之間慈悲相面，佛眼相看，快樂吉祥。善良的人祈禱尊者，可實現自己的願望。他還勸導衆生不要依仗權勢和財富胡作非爲，不要遺忘父母的養育之恩而不敬父母，不要貪杯而飲酒無度。犯有以上罪過的人若能誠心祈禱尊者，則可消除罪業，免受地獄之苦。

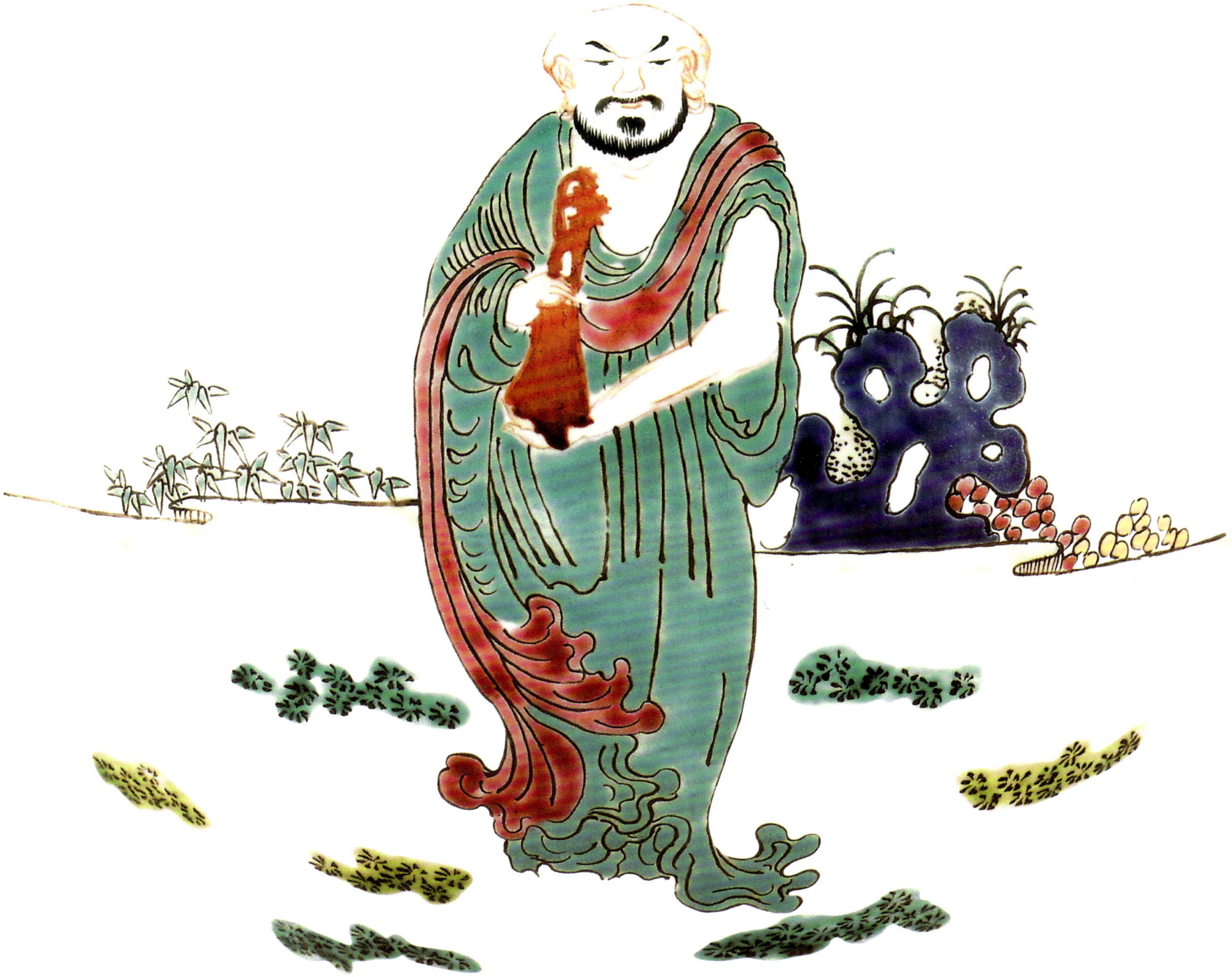

寶蓋尊者

寶蓋尊尊者，印度摩竭陀國王舍城人。寶蓋，係傘之美稱，即指七寶嚴飾之天蓋，於佛菩薩或戒尊者等之高座上，作爲莊嚴具。

據説尊者身份爲憂婆塞，即親近皈依三寶、接受五戒的在家居士。摩竭陀是釋迦牟尼證道之地，因而成爲佛教傳播中心，釋迦牟尼曾長期在這裏活動。寶蓋尊者尊信佛教，常到佛陀居住處聆聽教義，深得佛法的精髓。他嚴守戒律，修行不懈，終於證得阿羅漢果。

五百羅漢第三九四尊

神通化尊者，法號不祥。

尊者因爲善於運用神通宣揚佛法，教化衆生，所以稱之爲神通化。據《大唐西域記》卷十二記載，從前尊者在于闐國（今新疆和闐）時，國王不信佛法，他運用神通力，全身大放光明，使國王油然生欽敬之心，邀至宮内居住。尊者安於樹林中修行的清幽寂静，婉言拒绝。於是，出資爲他在林中修建塔寺。國王喜獲舍利數百粒，嘆不能敬置塔下。尊者再用神通力，右手托塔，放置舍利。畢又將寶塔徐徐放回原位，塔身安好如初，觀者無不驚嘆稱奇，於是舉國皈依佛教，佛教於是在于闐逐漸興盛。

思善識尊者

思善識尊者，佛之弟子。

按佛教經典所釋，善識，即善知識。在這裏，知識不是指淵博的學識，而是指觀察別人的品德的能力，善則指能幫助自己走上正道。《法華經·妙莊嚴王品》曰：「善知識者，是大因緣，所謂化導令得見佛，發阿耨多羅三藐三菩提心。」即善於觀察別人的品德與能力，幫助別人走向正道的人。善識尊者在修習佛道的過程中，時刻思念欲得善知識之助，以盡快發無上正等正覺，終獲羅漢果位。

喜信静尊者，佛之弟子。

尊者奉佛，崇倡信、静規範自身，以信、静教化衆人，故號稱喜信静。信奉佛法是對佛教修行者的初步要求，衹有信奉佛法，才能真正了解佛法，才能依法修行。對佛法信仰的誠心，猶如水精寶珠，能澄清濁水，心中安放「信珠」，可澄清垢染，去除心中世俗的污濁。初入三寶之人，要以信爲本，信乃一切功德之母，信心堅定，則無寶不取，至心静不亂，則智慧中生，可永除心中的憂煩。

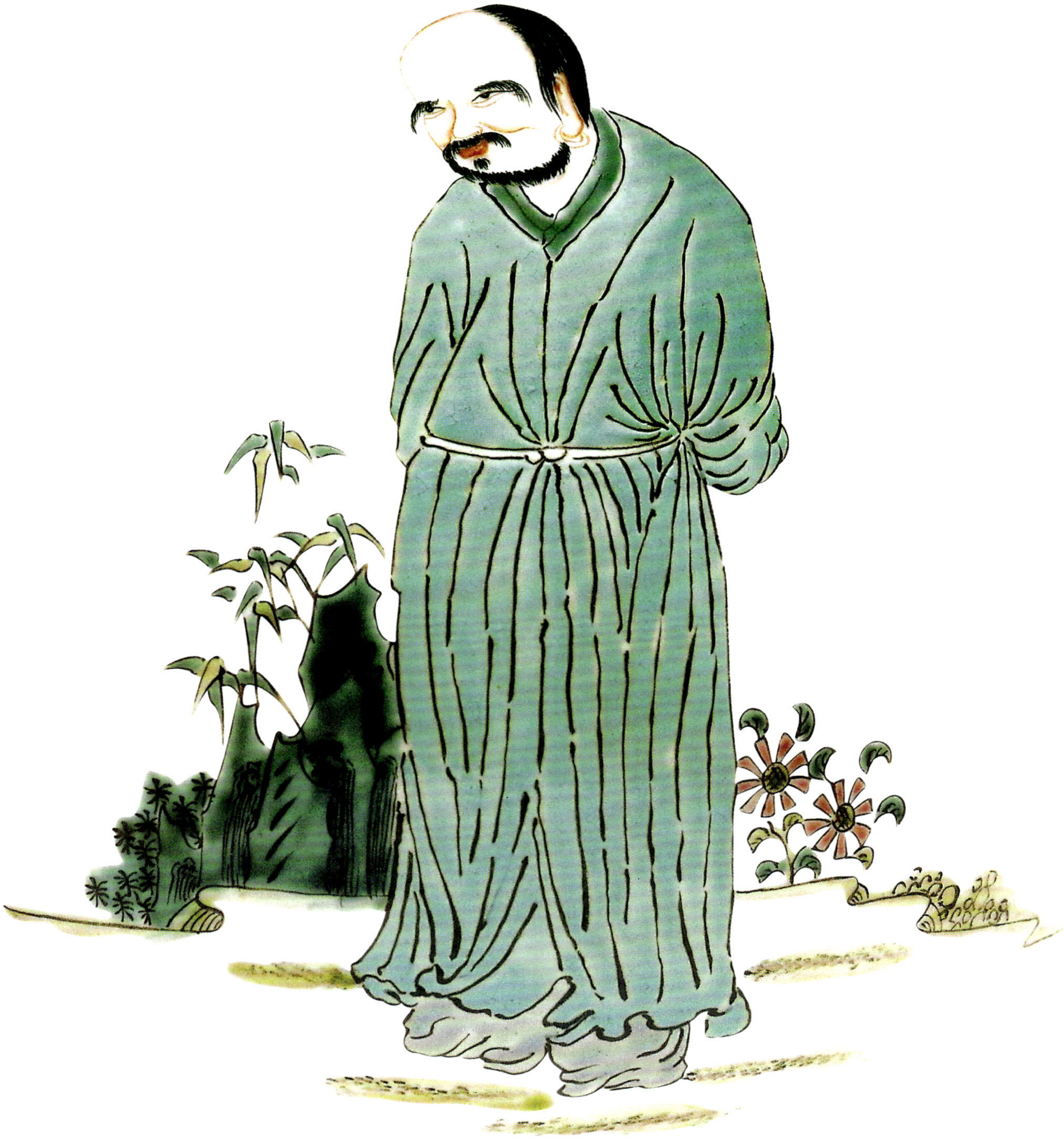

摩訶南尊者，佛陀叔父斛飯王之長子，故又稱拘利太子。摩訶南爲其尊稱，爲佛陀最初所度的五比丘之一。

相傳釋迦牟尼做太子時，一心要出家修行，其父淨飯王衹得應允，並在親族中選派五人跟隨太子作侍從，摩訶南入選。釋迦牟尼按照當時印度各種宗教徒的修行方法苦修六年，卻毫無結果，遂悟出苦行無益，便到河中淋浴，並接受了一位牧女供奉的牛奶。摩訶南等人見此情景，以爲釋迦牟尼放棄了信心和努力，遂離去，在別處苦修。後來釋迦牟尼在菩提樹下證得無上大覺，找到摩訶南等人，爲其說法，摩訶南等遂皈依佛教。

五百羅漢第三九八尊

五百羅漢第三九九尊

無量光尊者，梵語爲阿彌陀佛，又稱爲「無量壽佛」、「無量光佛」等，爲西方極樂世界的教主。

在很久很久以前，有一個國王聽世自在王佛講經，他被佛法所吸引，於是放弃王位，皈依佛教，出家爲僧，法號法藏。他請求迅速成佛，以盡快拔除衆生憂煩的苦根。他在佛前發下四十八個誓願，其誓願感動了天地，無數鮮花從空中飄落，大地也微微震動。由於法藏往世積集的功德及建立的宏大誓願，得以當即成佛，號稱無量光，又稱無量壽，梵語爲阿彌陀佛。其佛國名安樂，在西方十萬里以外的地方，那裏没有老病，没有痛苦，想了結生命時可隨意昇入各個天界佛國，安樂國的衆生身呈金色，人民相貌端正，美如天仙，互相平等，没有怨恨，想得到什麼就得到什麼。

金光慧尊者，即金光炎菩薩，爲應當禮敬的十方大菩薩之一。

在《佛名經》中，金光炎菩薩被列爲應當至禮歸命的十方諸大菩薩之一。該經指出，衆生生在凡夫地，或因三業而生罪，或從六根而起過，或以内心自邪思惟，或藉外境起於染着，不論貴賤，罪自無量。即作惡業，便有惡報，必須誠心懺悔，修福滅罪。否則，業報至時，即使騰身入空、縱身入海、鑽入山石，亦不能逃避報應，地獄惡相盡現眼前，此時已晚。金光炎菩薩身放金光，這裏象徵着他的無上智慧，可以照亮衆生之田，衆生衹要虔誠皈依，真心懺悔，盡力向善，便可罪去福來。

五百羅漢第四〇〇尊

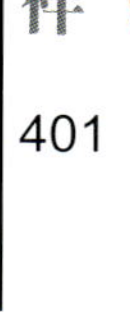

五百羅漢第四〇一尊

伏龍施尊者，名迦毗摩羅，古印度華氏國人，被禪宗尊爲西天十三祖。

尊者初學外道，後被馬鳴大士收服，皈依佛教。據傳，迦毗摩羅率衆弟子遊訪西印度國，當朝太子請尊者進宮接受供養。尊者以出家人不得親近國王、大臣和權勢之家予以謝绝。率弟子到城北一石窟暫住。一條巨蟒在窟內盤據已有千年，纏繞尊者，阻止他入內。尊者講授《三歸依經》，蟒蛇受感化，變成一老叟歸服尊者。洞窟北方十里有株萬年大樹，樹陰下居住着五百條大龍，大樹王名叫「龍樹」，龍樹常爲衆龍講經說法。迦毗摩羅來訪龍樹，當龍樹確認迦毗摩羅是一位德高望重、佛學淵博的長者後，便率五百大龍歸附迦毗摩羅。他爲龍樹及衆龍受具足戒，使用神通爲他們解脱畜道，昇入人道，然後將法藏傳授給龍樹，法華化火焚身而滅度，龍樹收舍利建塔供奉，後來龍樹成爲西天十四祖。

幻化空尊者

幻化空尊者，佛之弟子，因德行立名。幻，即化，指幻人之化作。

佛教認爲，衆生之所以不能解脱，皆因視假有爲真有，於是幻化空等諸菩薩便借幻化之虚假無實點化衆生，使之開悟，不再執著於無實如幻之自身及俗世之事物。尊者以寂静慧，復現幻力種種變化，度諸衆生，後斷煩惱，而入寂滅。

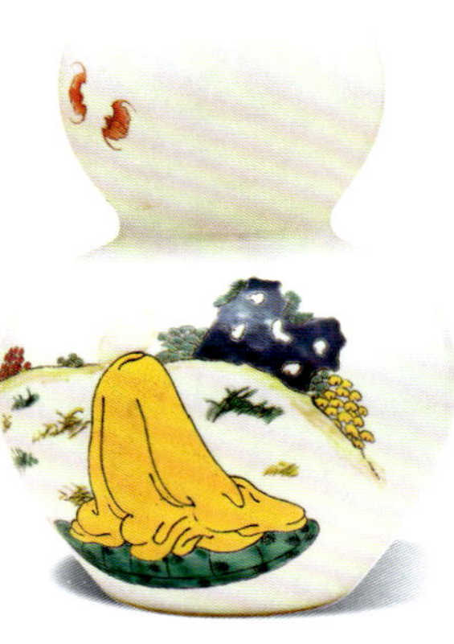

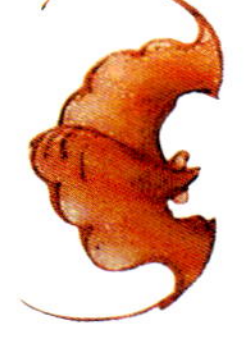

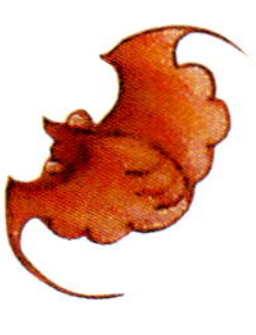

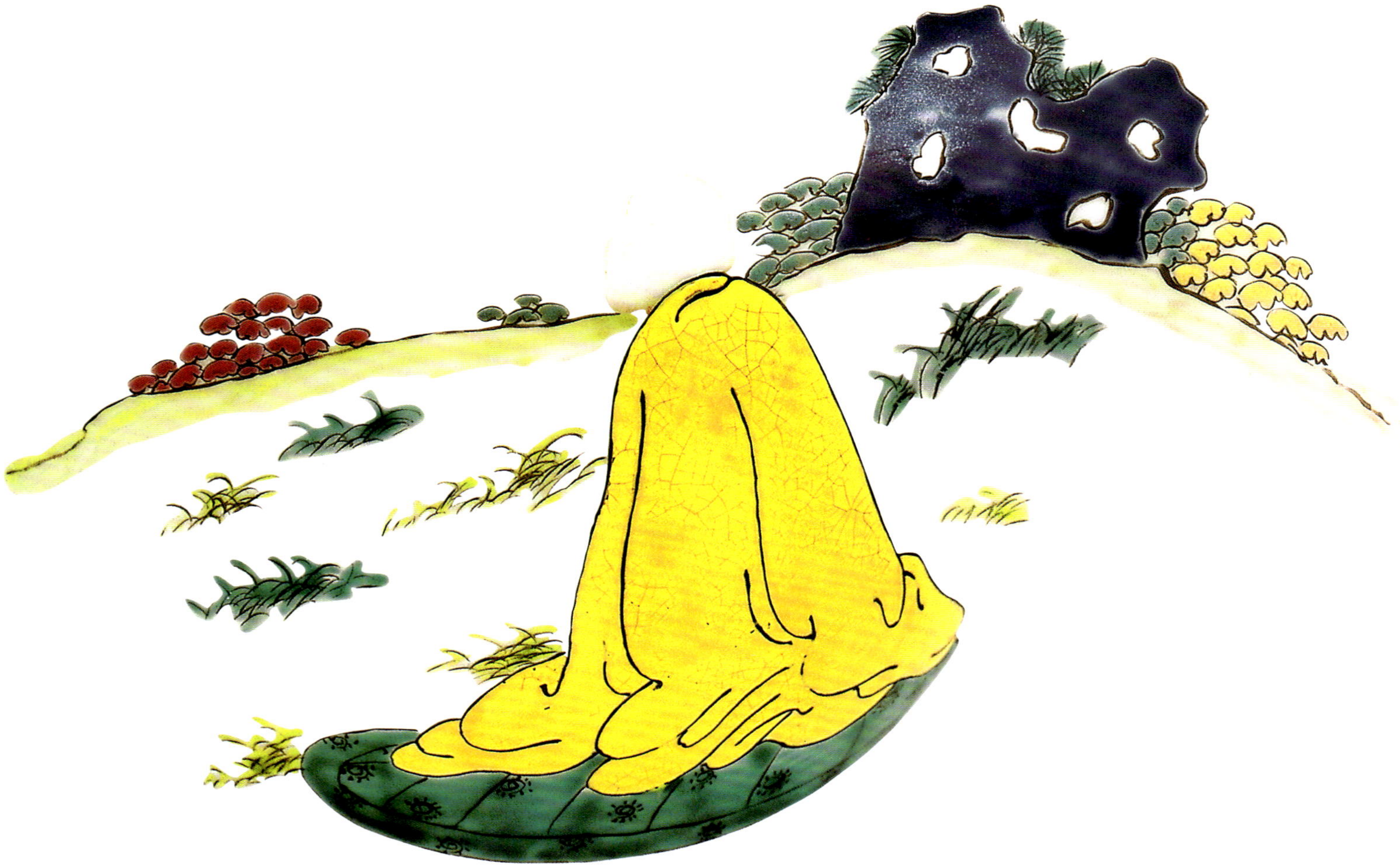

五百羅漢

粉彩瓶

五百羅漢第四〇二尊

金剛明尊者，爲未來世之佛，原爲婆羅門梵志第七十一子。

據《悲華經》卷五載，婆羅門梵志有七十九個兒子，全部皈依佛教，出家爲僧，成爲佛陀的聲聞弟子，此七十九弟子苦學勤修，且功德具足，都將獲得佛的果位，佛祖爲授記當於未來世成佛。在未來世，經過無數恒河沙數劫之後，有一劫名「優鉢羅花」劫。其中有一「願愛世界」，婆羅門梵志的兒子們將在此世界逐一成佛，其中第七十一子成佛，佛號金剛光明，稱金剛明佛。在他所住的願愛世界將有無數弟子，將信奉三寶，衆生清净，心胸無穢，內外和順，無有病痛與煩惱，願愛世界的四周不間斷地飄落下優鉢羅花的花瓣，花香微妙，充斥四野，衆生聞到此花的香氣，通身清净，心胸無穢，內外舒適和順，所有的病痛都會痊愈，一切衆生都不受恐怖與煩惱的困擾。

蓮花浄尊者，即蓮花浄菩薩。

據《大寶積經》卷一一七載，尊者曾參加佛陀在王舍城靈鷲山的法會，他在無數劫中修習道業，拋弃世財，離弃外道，成就諸行。尊者歡喜受持佛陀教誨，他面相莊嚴，辯才無礙，常爲衆生講法，功勛卓著，聲徹十方。對佛法堅信無疑，始終襟懷坦白，一塵不染，聖德無量，心如虚空般明浄，並善於發現一切衆生之疾病，並能對症下藥，令患者痊愈。

五百羅漢第四〇五尊

拘那意尊者，名拘那羅，以其敬佛之意倍於常人，故稱拘那意。

尊者爲阿育王之子，他不僅自己篤信佛教，還影響其父亦禮敬佛祖，布施僧衆。阿育王初不奉佛，且廣建牢獄，殺民無數，後皈依佛教捨黃金十萬兩布施衆生，以香湯千瓮灌溉菩提樹（佛祖曾在此樹下悟得證道）。尊者則向衆人舉起二指，意思是自己將用二倍於父王的財物供養衆僧。阿育王見狀，將黄金增加到三十萬兩，香湯增加一千瓮。尊者又舉起四個手指。阿育王聞群臣讚尊者之德，大喜，宣布將所有財物布施衆僧，並與夫人、王子、大臣等全部皈依佛門，後獲羅漢果位。

賢首尊者

賢首尊者，即唐代僧人賢首，華嚴宗實際創始人，爲華嚴宗三祖，本爲康居國人，本名法藏。

尊者十六歲時，到四明山阿育王塔燒煉一指以表虔敬，並發誓研習華嚴經義。曾在玄奘主持的譯場譯經。因見解不同辭出。到武則天在位時期，成爲譯場的主持人，與人合譯出《華嚴經》等文獻，並曾入宮爲武則天講解《華嚴經》。武則天賜他「賢首國師」。他以《華嚴經》爲理論根據創立了華嚴宗，被尊稱爲華嚴宗第三祖。曾歷任武則天、唐高宗、中宗、睿宗、玄宗之門師，聲望顯赫，唐中宗還曾爲他建造了五座大華嚴寺。

五百羅漢第四〇七尊

利亘羅尊者，生於滅佛時代。

相傳，在佛滅時代有外道魔王轉生世間爲王，信奉外道，拆毀寺院，夷平佛塔，强令僧尼還俗，使佛教事業受到極大摧殘。尊者堅信佛法不會因此而滅，終會戰勝邪惡，重放光明，曾將佛經、佛像妥善封存於寶山洞穴，或掘地埋藏，從而保護了大批佛教文物典籍。後來，佛教護法勝王轉生世間，戰勝了外道魔王，佛教智慧之火重現光明，僧俗大衆從洞窟中取出經卷，使之流傳於十方世界。此時，利亘羅尊者已經示寂，而他對佛教的功績受到僧俗的崇拜。

調定藏菩薩

調定藏尊者，即調定藏菩薩，爲十方諸菩薩之一。

根據佛經典籍記載，釋迦牟尼有感於人世生、老、病、死各種苦惱，捨弃俗世生活，出家修道。他在摩竭陀國尼連禪河附近樹林中單獨修苦行，到菩提樹下静坐，發阿耨多羅三藐三菩提。據《生經》卷三云，當釋迦牟尼證道之後，十方諸菩薩皆離開自己所居的佛國世界，來到釋迦牟尼身旁，聆聽法教，調定藏菩薩即是其中之一。調定藏菩薩久習佛行，一切功德悉皆成就。

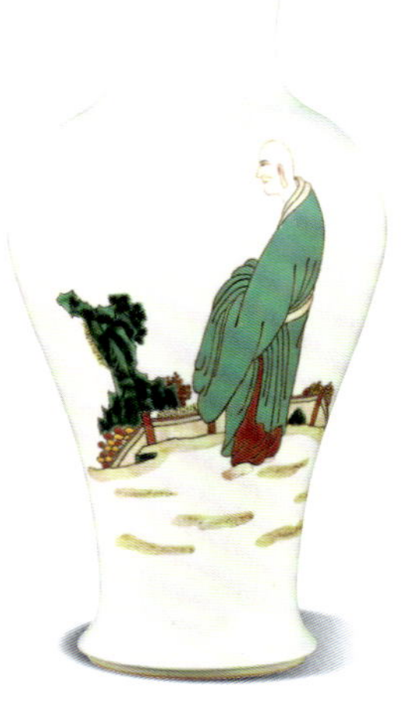

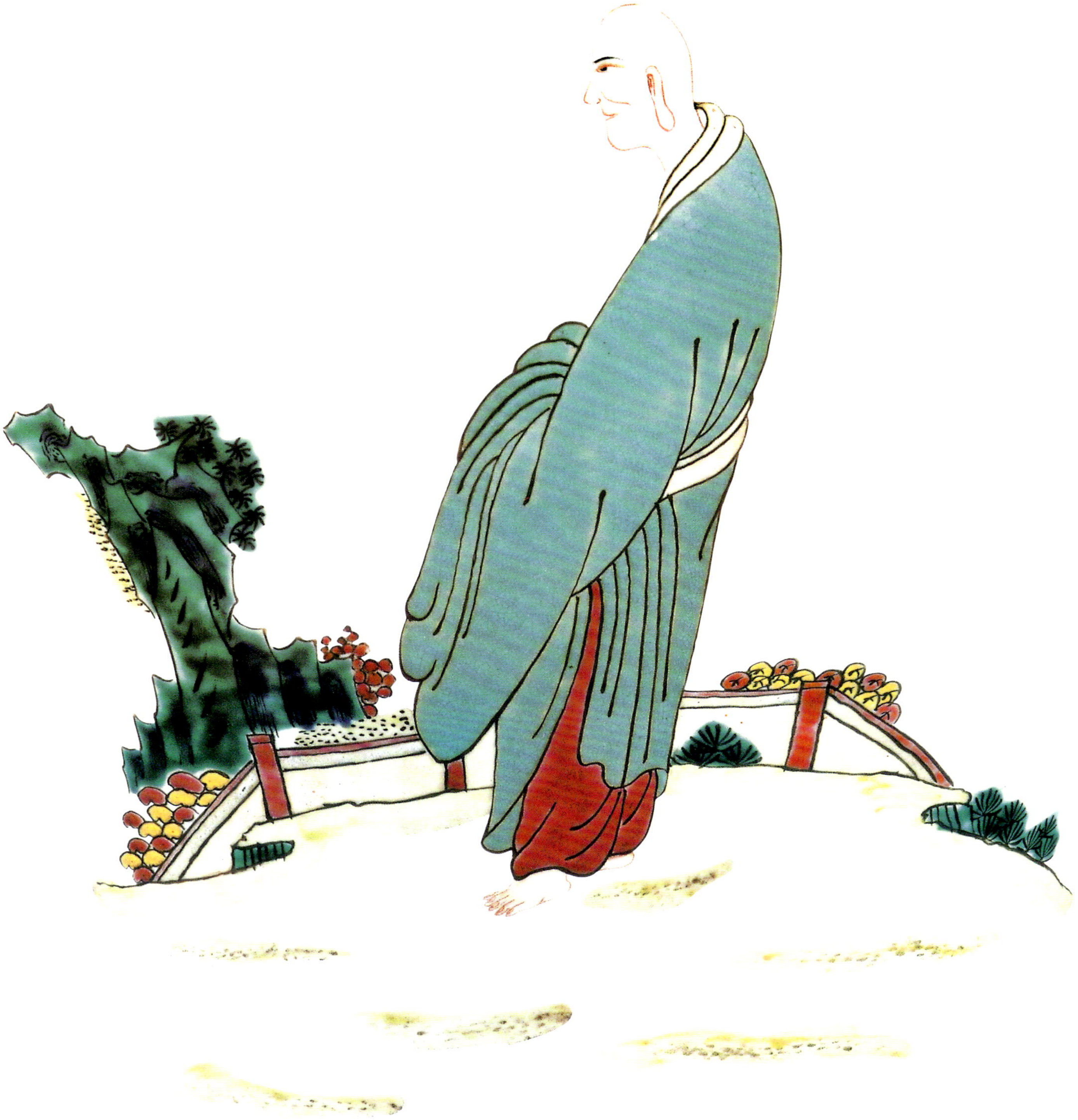

粉彩瓶

五百羅漢第四〇八尊

無垢城尊者

無垢城尊者，梵名維摩詰，又名「毗摩羅潔」，意爲以潔凈、無染污而著稱的人，爲佛在世時毗耶離城的居士。

據傳尊者前身是妙喜國的佛陀，佛號無動。佛祖釋尊降生世間，無動佛也由妙喜國轉生在毗耶離城，成爲該城大乘佛教居士。他精通佛學理論，善於言詞，長於辯論，輔助佛教宣傳教法，教化衆生。據記載，一次佛祖在庵摩羅樹園講經，毗耶離城的五百知名人士稱病未去。他想，釋尊必定派弟子前來探視，可乘此機會向他們闡述大乘教義。佛祖已鑒知其意，特派文殊菩薩及弟子舍利弗前往居士家訪問，二人都以智慧稱。維摩詰於「病床」上闡述了大乘教的深奧道理，使舍利弗與文殊菩薩深表佩服。在中國，維摩詰在士大夫中間有很大影響，在佛教的繪畫、雕塑、文學等作品中，是一個非常熱門的題材。

天音聲尊者，即天音聲菩薩。

尊者常參加釋迦牟尼佛説法之會，如《諸法無行經》所記釋迦牟尼在王舍城耆闍崛山中舉行的一次法會，天音聲菩薩即到會恭聽。在佛陀的啓示下，天音聲菩薩對佛法的理解日益深刻，神通越來越廣大。爲了紹隆佛教，他還廣爲衆生闡釋佛法大義，其聲響亮久遠，猶如來自天上，使衆多人信奉佛教。

粉彩瓶

五百羅漢第四一一尊

大威光尊者，即大威光菩薩。

相傳很久以前，有一清净光明大香水海，海中有一大華須彌山，山上有一摩尼華枝千大樹林。山中有一佛教道場，有一佛名叫「一切功德山須彌勝雲諸佛子」，爲大衆説法。樹林東有一座規模宏大的城市，名叫焰光明，城的周圍有一百萬億小城。大城中的國王名叫喜見善慧，統領大城周邊的一百萬億小城。喜見善慧有五百個兒子，長子名大威光，往世修有無量功德。據《大方廣佛華嚴經》卷第十一記載，一日，一切功德山須彌勝雲諸佛子眉間大放光明，光的名字叫「發起一切善根音」，前世修有功德的人，被此光照耀，即可開悟，永離一切苦難與恐怖，而獲得佛的智慧。尊者即時證得十種法門，獲菩薩果位，後昇往須彌山寂静寶宮，充任離垢福德幢大天王，時時聆聽佛祖講解佛法。

粉彩瓶

412

自在主尊者，佛之弟子。

據《大方廣佛華嚴經疏》卷五十七云：「自在主，寄饒益行，初依教趣求，國曰名聞者，能持净戒，現世果故，河渚中者，若持净戒，生死愛河不漂溺故，又無量福河常流住故。童子自在主者，三業無非，六根離過，故得自在，則戒爲主矣，戒净無染，故云童子。」尊者遵循佛祖教誨，堅持修行净戒，遂使自心脱離煩惱之束縛，進退無滯，通達無礙，得大自在。

明世界尊者，即唐代高僧玄奘，俗姓陳，祖籍河南偃師。

尊者幼年隨兄出家，法號玄奘，精通經論，嫻熟儒道百家典籍。隋唐更替之際，遊歷隴蜀荊趙等地，訪問名僧，恭聞妙說，發現漢地佛學經典多有缺少，立志西行取經。唐太宗貞觀二年（公元628年），踏上西行的道路，步流沙、踏葱嶺，遍遊五天竺，曾在印度佛教聖地那爛陀寺學習瑜珈。所到之處，即詢請益，尋求梵文佛經。印度戒日王聽到玄奘的名字，將他隆重地迎入國都，盛情接待。玄奘東返時，戒日王以禮相送，帶回佛經六百五十餘部。玄奘回國，先後被唐太宗和唐高宗所敬重，賜號「三藏法師」，詔命翻譯佛經，先後譯經七十四部，共一千三百三十五卷。

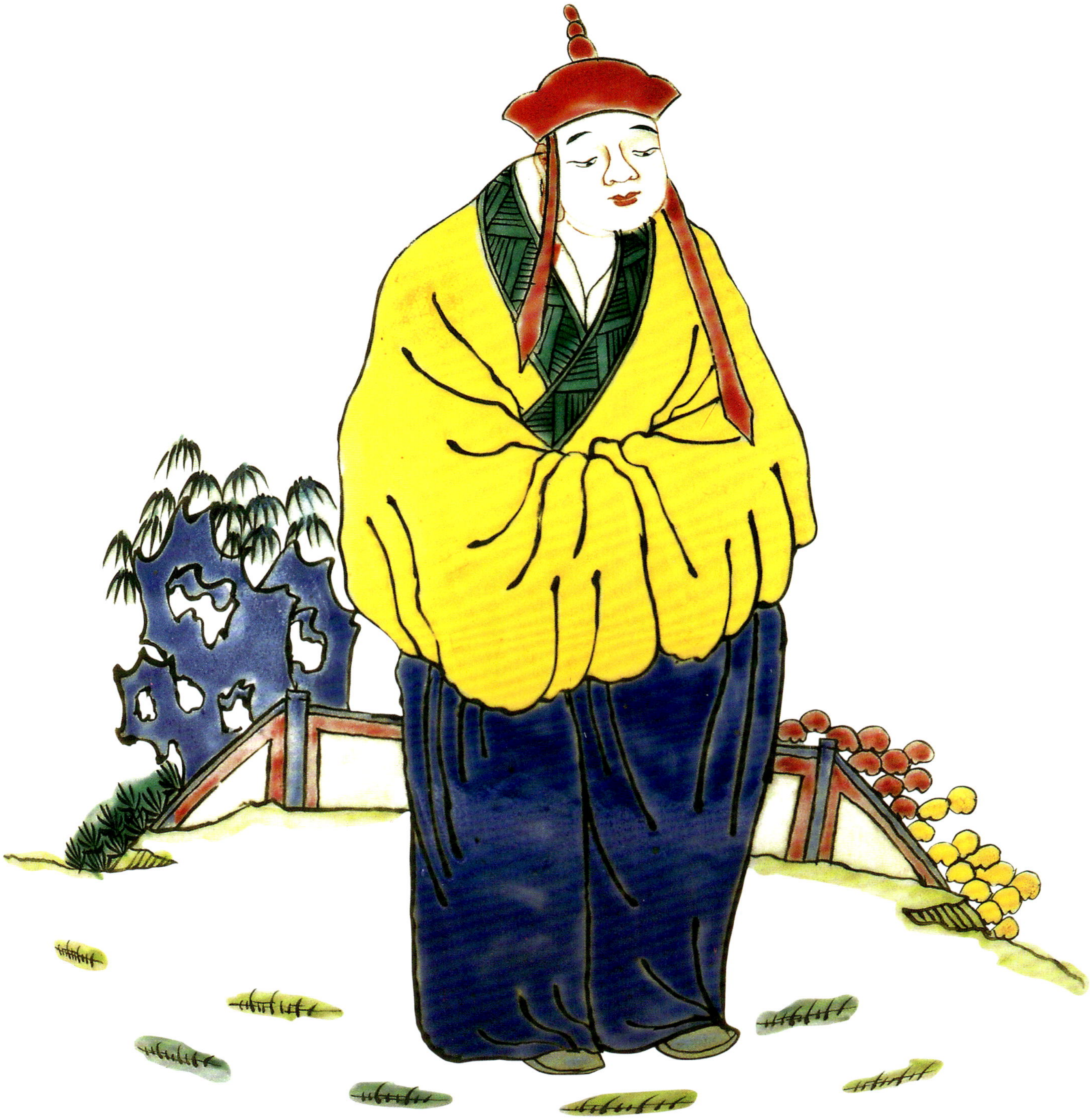

最上尊尊者，即最上菩薩。

據《大方廣佛華嚴經》卷四十記載，當釋迦牟尼佛在摩竭陀國尼連禪河邊菩提樹下證得無上正等正覺時，最上菩薩曾從自己所在的佛國世界趕至佛陀身邊，禮拜致敬。尊者已具如佛陀般之神通，雖入世間，心常寂靜，具一切智，具大悲心，能降伏衆魔，安慰衆生。

五百羅漢第四一四尊

金剛尊者

金剛尊者，即普賢菩薩。

佛教密宗，大日如來以衆金剛爲內眷屬，而以普賢菩薩、文殊菩薩爲大眷屬，普賢菩薩居金剛界衆金剛之首位，故金剛尊尊者即爲普賢菩薩。普賢菩薩與文殊菩薩爲佛祖的兩大侍者，文殊駕獅子，侍佛左方；普賢乘白象，侍佛右方。普賢主一切諸佛之理德、定德、行德，與文殊主一切諸佛之智慧、證德、普對。普賢菩薩心性慈悲，普濟一切衆生，且有延長衆生壽命的功德，若向普賢菩薩祈禱，可使身體康健，壽命長久。

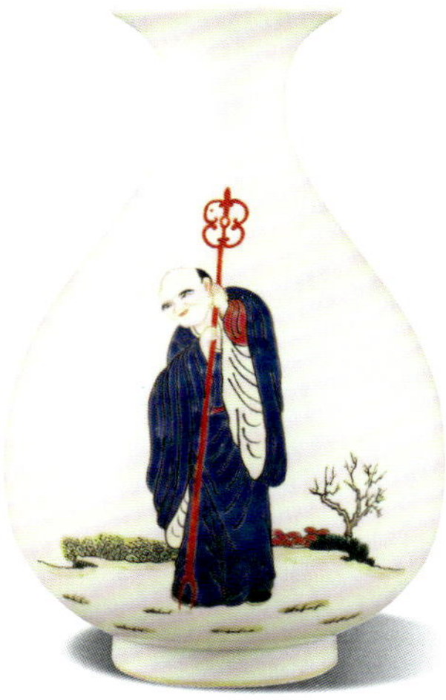

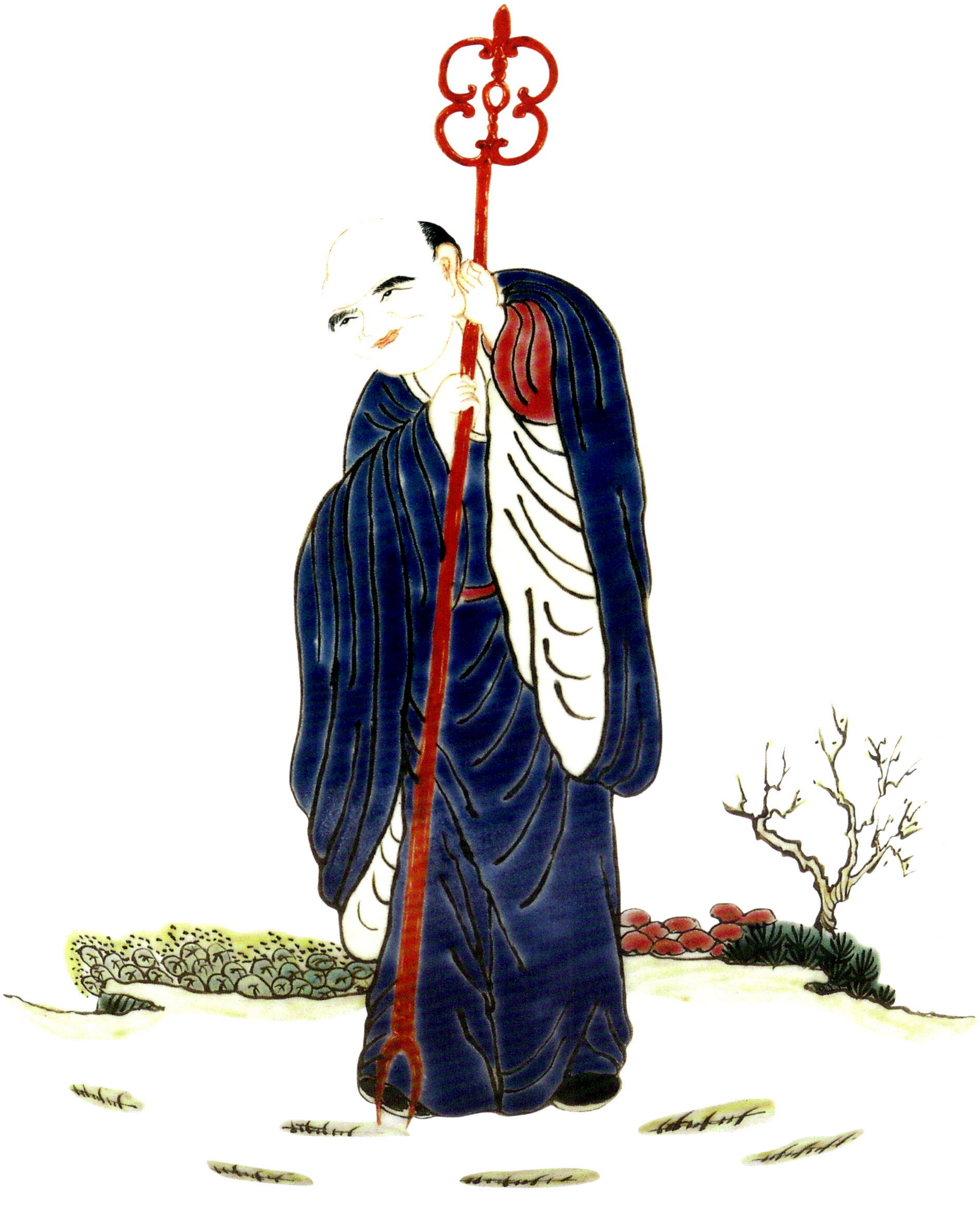

蠲慢意尊者，即蠲慢意菩薩。

據《寶女所問經》載，佛陀遊於如來寶净高座，昇菩薩宫講説無量頌時，尊者不禮敬佛。後捐弃慢意，堅信佛法修行，獲得很大法力，可在須臾之間遊行遍無數佛國，供養奉事十方諸佛，尊者探求佛法奥意，具有絶大智慧，因材施教，精勤不息地救度衆生。

五百羅漢第四一七尊

量無比尊者，佛之弟子。衆無比，是佛祖對阿難的稱呼。

尊者如阿難一樣，具無上法力，因偶聽高僧講法而歸依三寶(歸依佛寶，以佛爲師；歸依法寶，以法爲樂；歸依僧寶，以僧爲友)。初持五戒(戒殺生、偷盜、邪淫、妄語、飲酒)，進而修行具足戒(四波羅夷、十三僧殘、二不定、三十舍墮、九十單提、四提舍尼、一百衆學、七滅諍等)。又由持戒入修禪定，在修禪中悟出無量智慧，斷除一切困惑，終獲羅漢果位。

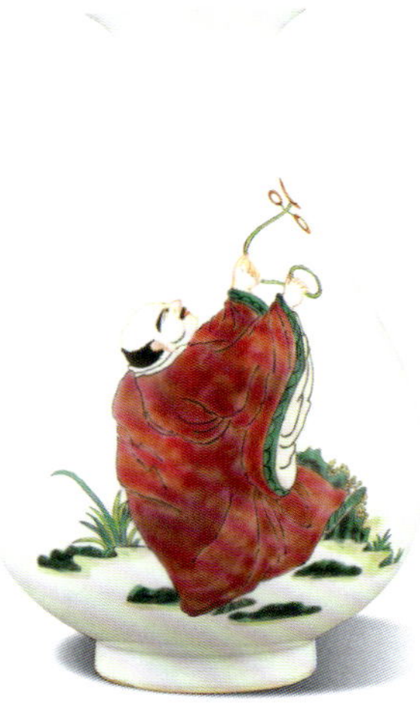

超絶倫尊者，即超倫菩薩。

尊者已歷無數劫，在無數諸佛之所勤修梵行，獲得廣大無邊之神通，深廣難測之智慧。他悲憫衆生而常住世間，令其平安；他心恒寂静，住於菩薩無住解脱。據《大方廣佛華嚴經》等書記載，當釋迦牟尼在摩竭陀國菩提道場始成正覺時，他自遠方的佛國世界趕來，以表示對佛陀證道的祝賀和禮敬。

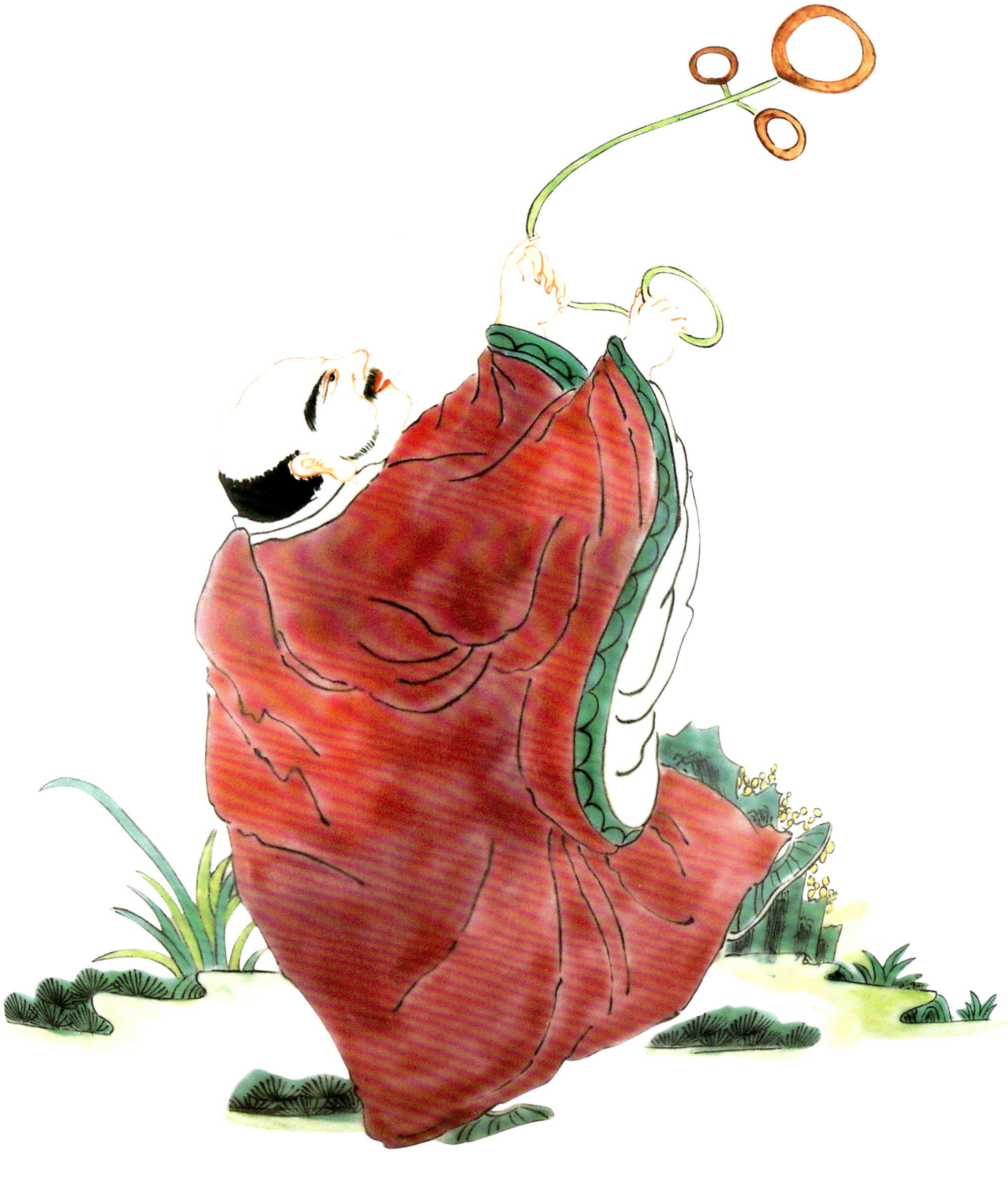

五百羅漢第四一九尊

月菩提尊者，即月覺菩薩。

據《大方廣佛華嚴經》卷八十記載，當佛祖成道時，大地震動，世間衆生驚恐不安。此時，他及世間各處菩薩，由地中涌出，安慰衆生。心懷慈悲，爲世間衆生説法。尊者具備普賢的德行，智慧大如虚空，光如日月照遍大地。在其勸導下，衆生漸離妄想，斷除苦難，走向極樂净土。月覺菩薩善於領悟佛法，一念之間便能瞭解三世諸佛的佛法。

持世界尊者，即持世界菩薩。

尊者在無數劫中修行不懈，於佛法無有疑滯。他不以自身解脱爲滿足，發誓永住世間，救度衆生。爲衆生演説諸法，使衆生對諸法性悉皆瞭知。他神通廣大，得巧方便無盡智慧，總是隨着衆生的心願所至而加以教誨，使衆生不知不覺而離諸妄染，恢復自性清浄之心。

定花至尊者，即求那跋摩，摩羅婆國人，南宋時來中國，爲譯經僧。

尊者南朝宋元嘉年間（公元424～453年）來到中國，受到南朝宋文帝劉義隆的敬仰，敕命住於延祇洹寺。每逢他在寺中講説佛法，四衆雲集，傾耳聆聽。此尊者禪力神妙，一年夏日安居前，有信徒將鮮花施於衆僧座上，求那跋摩於座上入禪修定，待安居結束，唯獨尊者座上的鮮花榮艷如初，香氣四溢，衆僧高呼絶妙。尊者預先測知自己圓寂的日期，事前洗浴更衣，至期雙手合十，端坐而化。據《梁高僧傳》記載，尊者坐化時，有長龍約一丈餘，從室躍出，直昇天際。文帝知求那跋摩圓寂，深感悲戀，命衆僧依佛法焚化，收舍利建塔供養。

粉彩瓶

422

五百羅漢第四二二尊

無邊身尊者，即無邊身菩薩。無邊身，指身軀廣大無邊際，比喻尊者智慧、神通、法力、慈悲心等。

據《十往生經》記載，衆生如果決心修行，勤念阿彌陀佛名號，祈求往生極樂世界，阿彌陀佛便會派遣無邊身等二十五位大菩薩前來保護虔誠修行念佛之人，使惡鬼惡神不敢擾亂，日夜常得安穩。又《慈悲道場懺法》中將無邊身菩薩和觀世音菩薩列爲「世間大慈悲父」，勸告衆生至禮皈依，以獲福佑。

最勝幢尊者

最勝幢尊者，佛在世時之僧。

據《大方廣佛華嚴經》卷四十記載，最勝幢等菩薩向佛祖請教，何時才能達到普賢菩薩所有的誓願與德行，何時才能修成諸大三昧，能自如地出入諸三昧，不停頓地自由變化、施展神通。佛祖對他們說：普賢菩薩確實功德無量，他的願行對過去、現在、未來的諸大菩薩都有借鑒作用，而且他的神通變化高於一切菩薩之上，隨心所欲，神變自如，令人不可思議。普賢菩薩當即爲衆菩薩說法，最勝幢菩薩等受益匪淺，皆願行清净，無可退轉，能於三昧中自在解脫，變化自如，從而獲得了最勝菩提道。尊者能以願力利益一切衆生，爲佛的事業護持三寶，從不厭倦。

弃惡法尊者，即弃惡菩薩。

據《文殊師利佛士嚴净經》卷上記載，弃惡是印度摩竭陀國王舍城人，種姓高貴。當釋迦牟尼來該城接受供奉時，弃惡前往迎接。他親眼目睹了佛陀的無邊法力，極爲高興，便稽首佛祖足下，右繞三匝，以示禮敬，然後請教菩薩行法。佛陀爲他詳細解說，弃惡當下開悟，欣悅踴躍，身體也昇上虛空，離地七仞。佛陀曾預言，尊者以後歷六百二十萬劫，當成爲佛，佛號「寂化音如來」，所住世界名「安穩」。

五百羅漢第四二四尊

五百羅漢第四二五尊

無礙行尊者，即無礙行菩薩。無礙，爲自在通達而無障礙。

據載，尊者參加佛祖在普光明殿爲衆菩薩舉行的法會，衆菩薩想達到普賢菩薩的願行及其不可思議的神通變化能力，當時普賢菩薩也來聽佛祖講法，爲滿足衆願，佛祖請普賢講解了自己的誓願及諸大三昧的修煉方法。無礙行菩薩及其他衆菩薩從中受益匪淺，皆得清浄無礙，以本願力利益衆生而不知疲倦。尊者具四種智：法無礙，教法得當；義無礙，釋義准確；辭無礙，即文字無礙；樂説無礙，衆生歡樂聽講。尊者以無礙行之於世，利益衆生，功德無量。

普莊嚴尊者

普莊嚴尊者，即普莊嚴菩薩。

據《大方廣佛華嚴經》卷四十記載，當釋迦牟尼佛在摩竭陀國尼連禪河邊菩提樹下静坐，始成正覺之時，普莊嚴已入灌頂之位，具菩薩行，等於法界無量無邊，獲諸菩薩見三昧，能用慈悲胸懷安穩一切衆生，神通自在同於如來，智慧深入演真實義，具一切智降伏衆魔，雖入世間心恒寂静。

五百羅漢第四二六尊

五百羅漢第四二七尊

無盡慈尊者，即大慈觀音菩薩，又名聖觀音菩薩，是六觀音之一，胎藏界右方蓮華部之部主。

據說，尊者與大勢至一起，是西方世界阿彌陀佛的脅侍菩薩，因他以慈悲爲本願，所以常到我們這個世界來度衆生。南海的普陀洛伽山林木郁茂，地草柔軟，處處是流泉浴池，是尊者說法的道場。相傳五代時有日本僧人慧萼，曾在五臺山請得一尊觀音菩薩像，準備帶往日本。在途經舟山群島一小島附近時，爲大風所阻，終未成行。他認爲是觀音不肯東渡日本。後來當地居民在島上潮音洞前紫竹林邊建寺供奉觀音像，並取名爲「不肯去觀音院」。後來，佛教信衆以此島爲觀音菩薩的說法道場，並稱此地爲普陀山。由此，普陀山逐漸發展成爲中國佛教四大名山之一。每年農曆二月十九、六月十九和九月十九，爲觀音菩薩誕辰、成道、出家的紀念日。據說祈求尊者可脫離饑渴之苦，將轉生餓鬼者，祈求大慈觀音菩薩，來世可避免轉生成餓鬼。

常悲憫尊者

常悲憫尊者，即常悲菩薩，爲般若守護十六善神之一。

據《道行般若經》卷九《薩陀波倫菩薩品》載，尊者於夢中聞東方有般若波羅蜜之大法，爲求法乃向東行，途經魔所樂國，爲供養其師乃賣身，遂過二萬里到達犍陀越國，見曇無竭菩薩而得其法。尊者誠心恪天，思睹佛聞法而不得，便日日悲泣流泪，諸佛特爲現身，加以安慰指導，常悲遂悟，後在無數佛所勤修梵行，成滿大願。

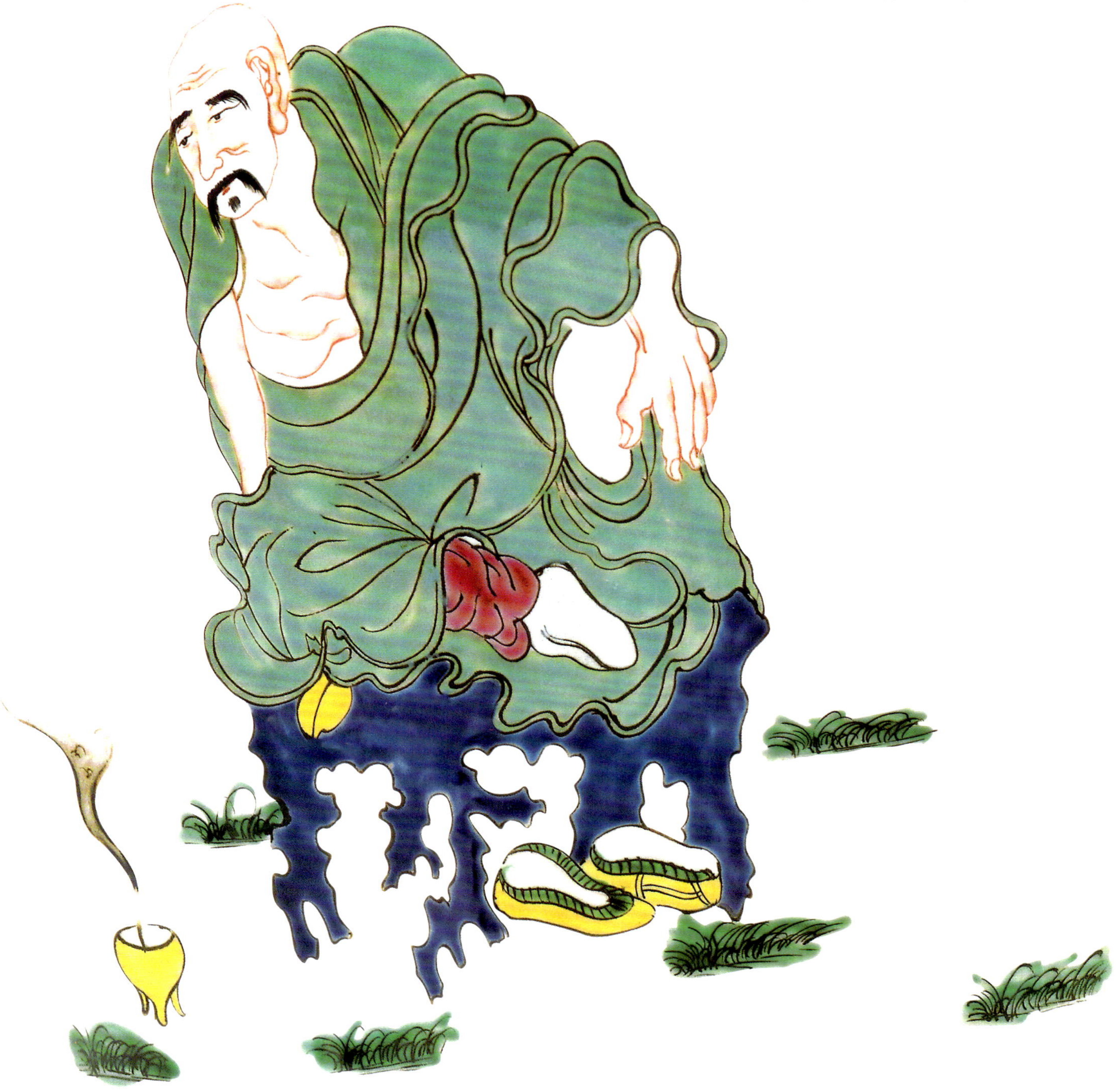

大塵障尊者

大塵障尊者，居住在印度東方極其遥遠的「解脱主世界」，因其功德無量，已獲得佛的果位。

據《佛説十二佛名神咒校量功德除障滅罪經》載，尊者能隨心所欲來往佛國，爲衆生説法。即使犯有重大罪惡，衹要誦念尊者名號一遍，誠心悔過，並向尊者行一跪拜禮，罪業即可消除。清白之人誠心拜禮，即可獲幸福吉祥。

光焰明尊者，即光焰明菩薩。光焰，象徵着該菩薩的威神如光明之照耀世界。

《讚阿彌陀佛偈》曰：「一蒙光焰罪垢除。」《無量壽經》卷上亦曰：「無量光焰，照耀無餘。」光焰明尊者之德行法力與阿彌陀佛相類。據《大方廣佛華嚴經》記載，釋迦牟尼在摩竭陀國尼連禪河邊菩提樹下證得正覺時，光焰明菩薩曾趕到佛陀身邊恭致敬禮。

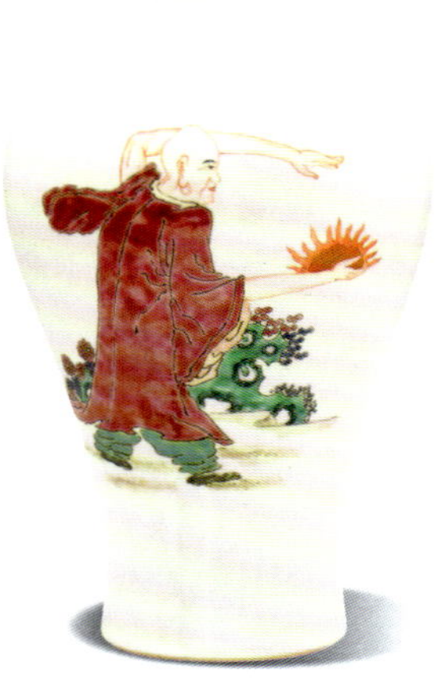

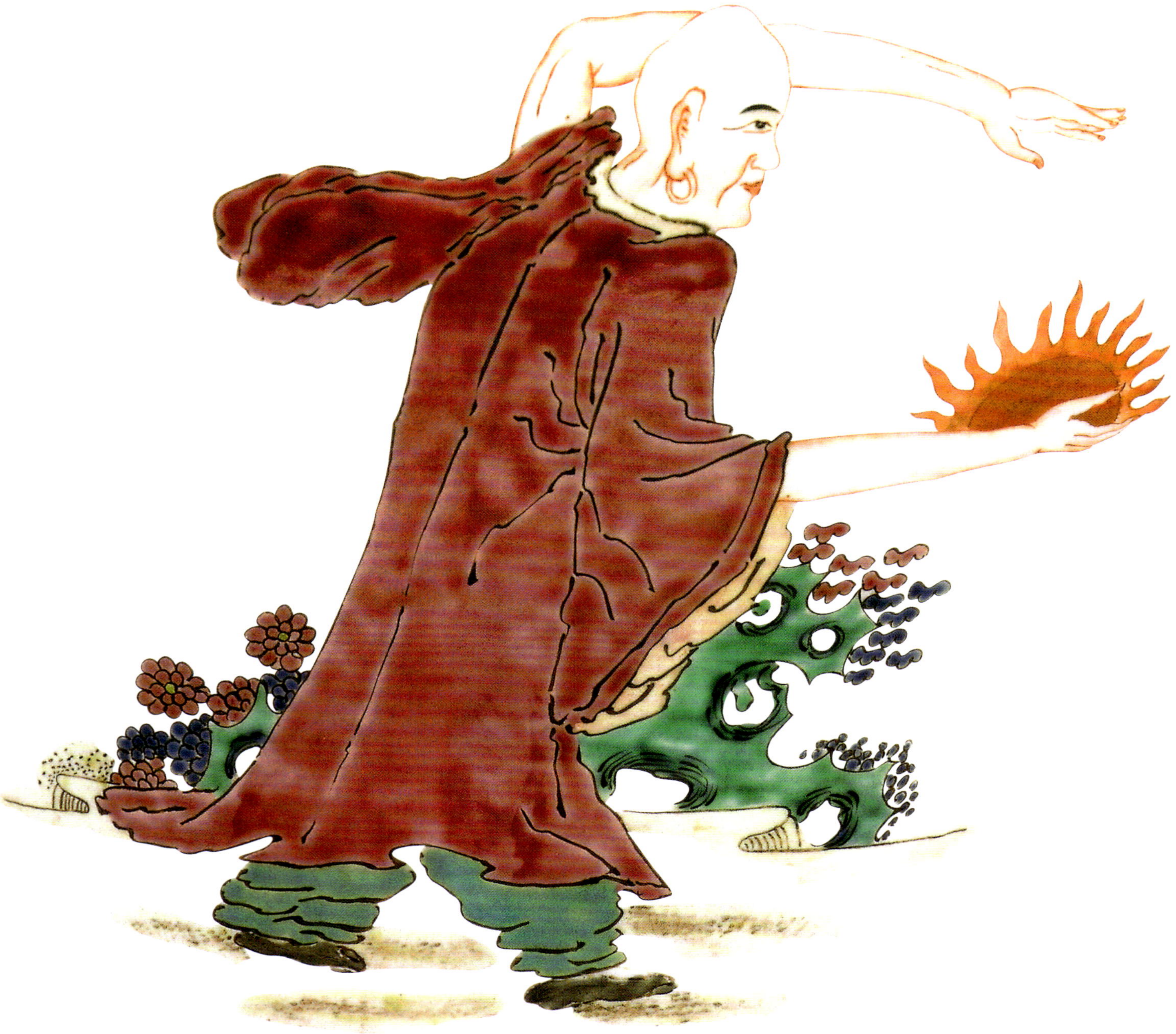

粉彩瓶

五百羅漢第四三〇尊

智眼明尊者，獲菩薩果位。所謂智眼，即智慧眼，爲十眼（肉眼、天眼、慧眼、法眼、佛眼、智眼、明眼、出生死眼、無礙眼、普眼）之一。

尊者身具五智，已看破紅塵，脱離世俗，而通達一切佛法；能回憶往世的事而不忘失，並從中汲取經驗，利益衆生；能規範自己的言行，使之符合佛教戒律，並成爲弟子的榜樣；尋訪世間的修煉方法，學習所有高僧大德的好經驗，以便修身益智；爲利益衆生、弘揚佛法所做的一切事，無不隨心如意，尊者有着如明眼視物，悉皆明瞭的智慧，不爲世俗所惑。

堅固行尊者

堅固行尊者，即堅固行菩薩。堅，如樹之根株不能拔；固，從他物不變原態。堅固即指心念之不變不動。

據《大方廣佛華嚴經》載，佛陀在摩竭陀國菩提道場證得無上正等正覺時，尊者特意趕到道場禮敬，聞佛陀演說無上妙法。該菩薩憑借對佛法的堅固信仰，成就菩薩果位，智慧深廣，神通無窮，可以降伏衆魔，可以普度衆生。

五百羅漢第四三二尊

五百羅漢第四三三尊

澍雲雨尊者

澍雲雨尊者，以擅長施雲布雨而得名。

世間衆生日出而作，日落而息，終日勞作於田間，待秋季收獲，五穀豐登，其樂陶陶。以豐收五穀禮佛敬神，亦是天情人願。然而常有旱魔風妖出來作惡。旱魔做惡，使天無片雲，日久不雨，土地乾裂，風妖隨旱魔風妖出來做惡，煽動熱風，烤焦禾苗，顆粒不收，天哀人怨。當遇旱魔風妖出來做惡，便可誠意祈禱澍雲雨尊者。據説，尊者應衆人之請，凌空乘虛而來，念動真言，降伏旱魔，驅走風妖，瞬間烏雲密布，甘霖普降。禾苗獲救，衆生免受饑寒之苦。尊者施雲布雨，其功德無量，故獲羅漢果位。

不動羅尊者，即不動菩薩。

據《大寶積經》卷十九載，從佛陀居住的娑婆世界向東，過一千世界，有一處佛刹，名叫妙喜。廣月如來曾現身妙喜世界說法。尊者曾在廣月如來座前發誓：「世尊我從今日發無上正等正覺之心。」尊者以無諂、無誑、實語、不異語、求一切智，乃至證得無上菩提而成爲菩薩，號爲不動。據說其功德無量，獲羅漢果位。

五百羅漢第四三五尊

普光明尊者，即普光明菩薩。

尊者善修一切禪定三摩提，神通廣大，是名副其實的幻化大師。據《度諸佛境界智光嚴經》記載，普光明菩薩坐於一處修禪入定，發動神通力，可以使十方世界感到震動，他以功德施於一方佛土，世間各處佛土都能受益；能使十方世界諸如來的信徒，呈現於一方世界如來的信徒面前；也能將一方世界如來的信徒，呈現於十方世界諸如來的信徒面前；能將諸佛的身相，同時呈現於世間衆生面前；也能將自身的形相同時顯現於世間衆生面前；能讓世間衆生看到過去世發生的事、未來世將要發生的事及現在世的全貌，他能讓除自身以外的一人同時入無量無數禪定三摩提，也能讓除自身以外的無量無數人同時入一禪定三摩提；他還能微縮一方世界，使之進入毛孔大小的空間。

心觀淨尊者，佛之弟子。

佛教認爲，衆生本有之心，自性清淨，離一切之妄染，故名自性清淨心，也叫如來藏心、真心，實即衆生所具之菩提心。尊者自性清淨心明淨如月，並時時觀持，不使染心垢。《菩提心論》曰：「照見本心，湛然清淨，猶如滿月，光遍虛空，無所分別。」又《大日經》曰：「心無畏故，能究竟淨菩提心。」尊者已解脱一切障礙而禪定得自在，證得阿羅漢果。

五百羅漢第四三六尊

那羅德尊者，即那羅達菩薩，爲護持正法、擁護衆生之八大菩薩（颰陀和、羅憐那竭、橋日兜、那羅達、須深、摩訶須薩和、因坻達、和倫調）之一。

據佛教經典《觀虛空藏菩薩經》記載，世間有八尊大菩薩，自無數劫以來便不辭辛苦地學佛求道，他們都已功德圓滿，可以轉生爲佛，但是八大菩薩都不取佛位，誓願天下人民都得佛道之後才得佛位。那羅達菩薩是八大菩薩之第四尊，他常住世間，護持衆生。若有人患有疾病，衹要呼喚那羅達菩薩的名字便可痊愈；若有人忽遭危難，衹要呼喚那羅達菩薩的名字，便可逢凶化吉，遇難成祥；若經常供養參禮那羅達菩薩，可得到現世福報，命終後被迎接到極樂世界，轉生在蓮花的花瓣中，入不生不滅的快樂菩提。

師子尊者

師子尊尊者，爲中天竺人，屬婆羅門種姓，被禪宗尊爲西天二十八祖之第二十四祖。

尊者少依婆羅僧出家習定，後遇鶴勒那，見尊者少有慧根，便付與正法眼藏，令其行化四方，至罽賓國，教化禪定、知見、執相、舍相、不語等五衆皆歸佛法，名聲大震。後來他遇到婆舍斯多，收爲弟子，並付法藏，令其至南印度行化，其獨自留在罽賓國中。時逢該國外道摩目多與都落遮共謀叛亂，他們扮成佛教徒形象潛入王宮，結果事敗。國王亦因此忌恨佛教徒，下令拆除寺院，驅逐僧衆。國王還親自挾劍來到尊者住所，斬斷其頭，衹見腔中噴涌白乳高數尺。而於其時，國王的右臂自動脱離墜地，經七日而死，此係因罽賓國王輕視佛法，才受此果報。太子即位後，將尊者埋葬，建塔供養，方使國泰民安。

五百羅漢第四三八尊

五百羅漢第四三九尊

法上尊尊者，即法上菩薩。法上，法上部之簡稱，爲佛教小乘十八部之一。

相傳，在印度東方極遥遠的地方有一世界名普光明，吉祥王佛教化此土。此世界內有一法上大菩薩，另有六十三億菩薩爲法上菩薩的眷屬。法上爲衆說法時，先騰身昇上虚空，變化身形，高有七多羅樹，然後自隱其身，講解陀羅尼金剛真言等菩薩法門。一日，忽見西方光芒四射，並時時傳來鐘磬之聲。法上菩薩詢問此主何瑞兆。吉祥王佛說：西方有一娑婆世界，釋迦牟尼佛教化此土衆生，此佛功德無量，劫無邊，而今他全身毛孔放此光芒，同時發出鐘磬之聲，意在召集三千大千世界諸菩薩前去聽經，你等速速前往。尊者聞言，率領六十三億菩薩凌空飛向西方，聆聽釋迦牟尼佛講經，終得正果。

精進辨尊者

精進辨尊者，爲開一切度王如來無所著最正覺佛説法之兩比丘之一。

據《六度集經》卷六記載，在過去時候，有一切度王如來無所著最正覺佛，爲諸天、人民講説經法。在聽講的大衆中，有兩個比丘，一名精進辨，一名德樂正。精進辨專心聽講，聞法歡喜，應時即得阿惟越致（不退轉）。而德樂正却睡眠難醒，毫無所得。尊者數次勸説德樂正不能衹是睡眠，要努力修行均無效果。尊者便顯神通化作蜜蜂王，在其眼前飛來飛去，又鑽入其腋下，螫其胸腹，德樂正大痛而醒。蜜蜂王落在泉中花上，德樂正怕再來螫，不敢再睡。尊者乘機因勢利導，爲其説法，終使其開悟。

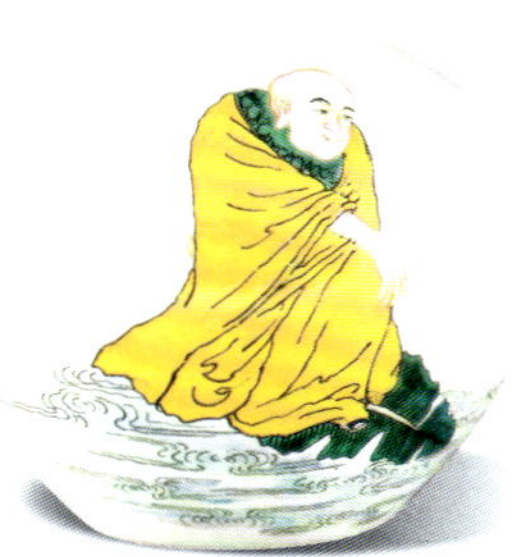

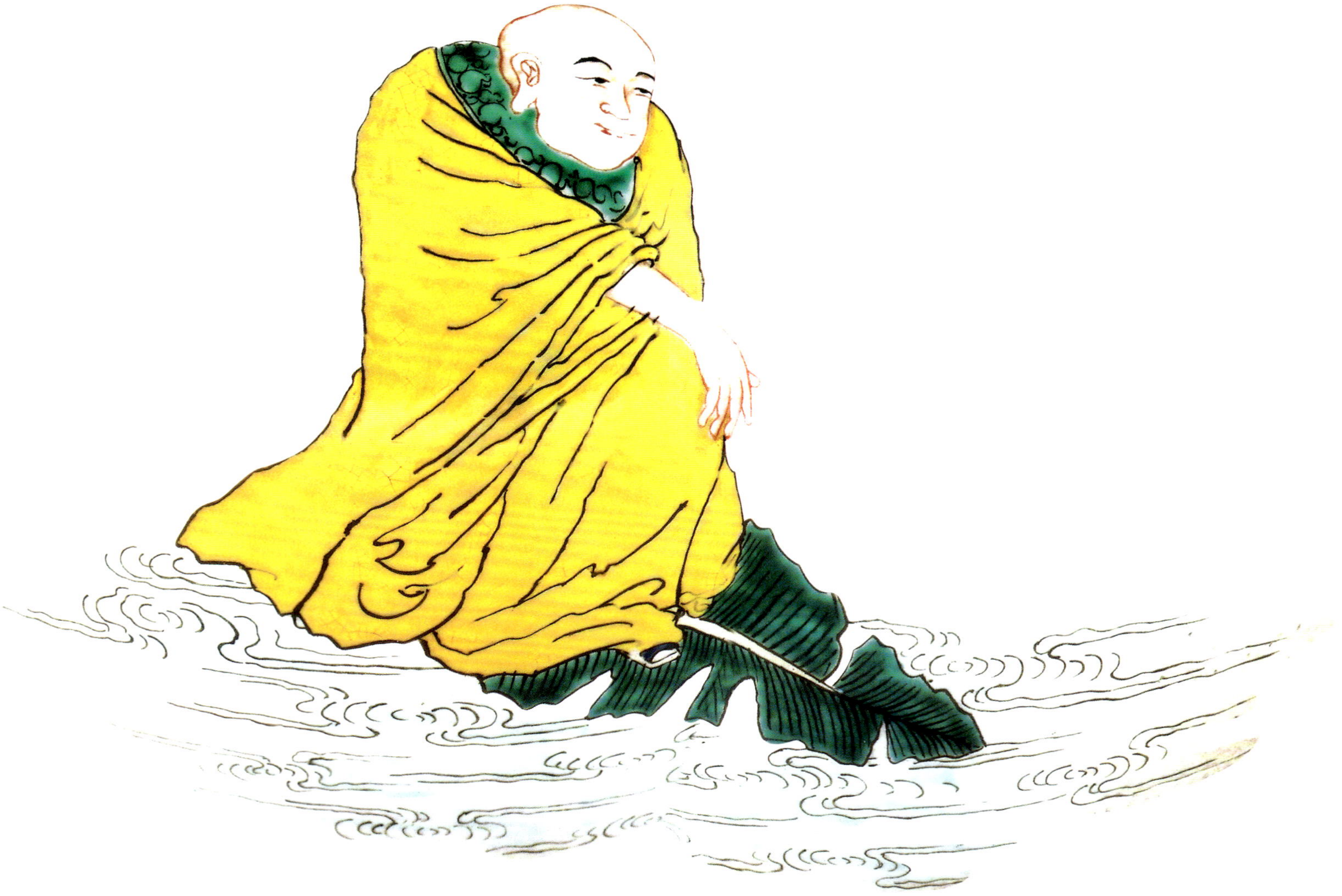

五百羅漢第四四〇尊

五百羅漢第四四一尊

樂說果尊者，即大樂說菩薩。

據《經律異相》卷第六記載，一日，佛將講法，忽從地中涌出一座七寶塔，立地頂天，高達四天王王宮，群菩薩大喜，大樂說菩薩請教釋尊此乃何等因緣所至。佛祖對大衆說：往昔古世，東方有一佛國名寶凈，其佛號稱多寶，此佛涅槃前發下誓願，今後若有講《法華經》處，我當前往聽經。大樂說菩薩聞言大喜，願與衆菩薩共睹多寶佛莊嚴尊容，共聽《法華經》。釋尊身放白光，以右手指點塔門，塔門開時，多寶佛已出涅槃定，高呼：「善哉！釋迦牟尼佛，快講法華經，我爲聽經而至此。」釋迦牟尼佛與多寶佛坐在同一獅子上，以神通力接大樂說菩薩及其他諸菩薩於空中，宣講《妙法蓮華經》。大樂說菩薩是首次聆聽《妙法蓮華經》的衆菩薩之一。

觀無邊尊者

觀無邊尊者，即無邊菩薩，爲《佛名經》所列應當禮敬的十方諸大菩薩之一。

尊者以澄明的心性智慧遍觀無邊世界、無邊衆生及衆生的無邊心行差別，因材施教，對症下藥，皆使解脫。《佛名經》認爲，向此菩薩禮敬可以滅罪增福。

五百羅漢第四四二尊

納吉祥

師子翻尊者，又名獅子無畏觀音、馬頭觀音，是六觀世音之一。

相傳，世間衆生如果本世不修功德，來世便不能往生極樂净土，仍轉生於六道之中。如若有人犯有如下五事，來世便轉生爲畜生。其一、出家人違反戒律及未出家人偷拿他人的財物；其二、欠負別人的債務而不償還；其三、殺害生命，包括鳥獸蟲魚的生命；其四、不喜聽受經法；其五、罪惡深重，本應轉生惡鬼或墮入地獄，因其施食於衆僧，可減其重罪，不需入地獄而轉生爲畜生。轉生畜生後，或奔馳於山野林間互相血肉殘食，或由人飼養供人驅使，畜生禀性愚痴，有苦難訴。獅子無畏觀音如獸王威猛無畏，可破除畜道惑業之苦，救衆生脱離畜道，翻轉入人道。

破邪見尊者，即破邪見菩薩。所謂邪見，相對於正見而言，指邪之又邪的謬見。

外道邪見認爲，世上没有因果輪回，所以爲惡不懼，爲善不喜。尊者認爲，對此等謬見必須予以徹底破除。尊者有興善去惡、護持世間的法力功德，能幫助衆生清除邪見。

五百羅漢第四四五尊

無憂德尊者，又稱無憂吉祥佛，爲佛祖的分身佛。

相傳，佛祖說法時，會身放金光，遍照三千大千世界，道道金光化作朵朵金色蓮花，蓮花上各坐一分身佛，分居各地教化衆生。據《十住毗婆沙論》卷五《易行品》所引《寶月童子所問經》載，東方有無憂世界，佛名善德如來；南方有歡喜世界，佛名栴檀德；西方有善解世界，佛名無量明；北方有不可動世界，佛名寶施；西北有衆音世界，佛名華德；東北有安隱世界，佛名三乘行；下方有廣大世界，佛名明德；上方有衆月世界，佛名廣衆德。尊者居最南的離一切憂世界。在此世界之衆生，衹要想到他，即可無憂。

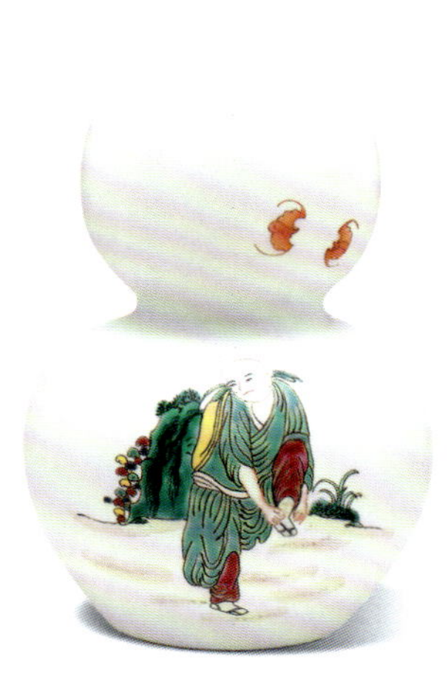

行無邊尊者，即無邊行菩薩。無邊行，即無盡行，爲應當禮敬的十方諸大菩薩之一。

學海無涯，佛法無邊，修習不止，始能有成。尊者專以救度衆生爲己任，隨衆生之機類而現其身，通達十方，以救度衆生爲己任。衆生向他懺悔可以滅無量罪，長無量福。

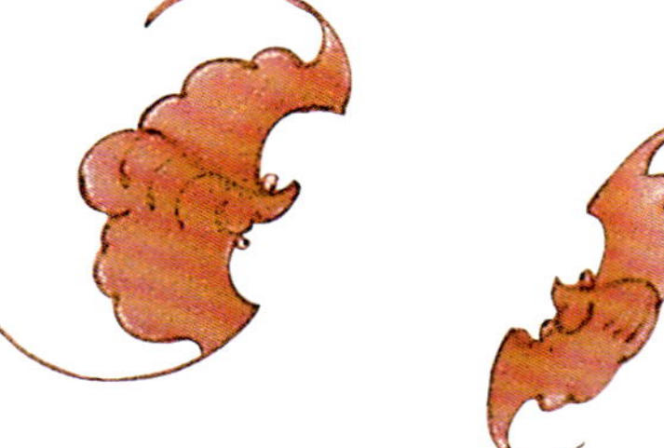

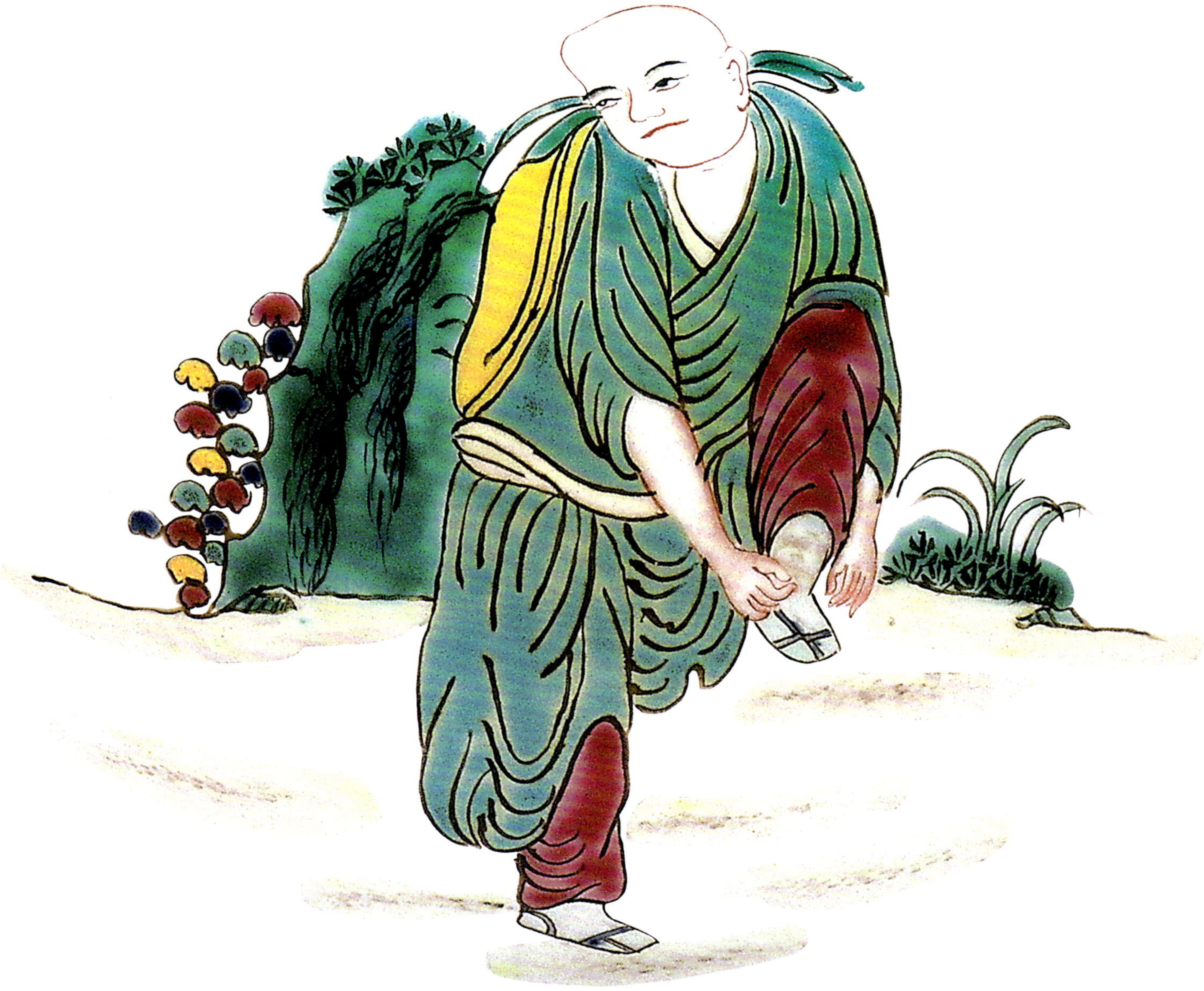

五百羅漢第四四六尊

慧金剛尊者

慧金剛尊者，即金剛慧菩薩。金剛慧，是通達實相之理而破除諸相之智。

此尊者法力無邊，變幻無窮，可以凌空飛行，無有障礙，變化自如，隨心所欲。他可作世間的法王，以通達的神通、無邊的智慧教化衆生，爲高僧灌頂授職。據《大方廣佛華嚴經》卷四十記載，金剛慧菩薩具有十種不盡法，即諸佛出現智無盡；衆生變化智無盡；世界如影智無盡；深入法界智無盡；善攝菩薩智無盡；菩薩不退智無盡；善觀一切法義智無盡；善持心力智無盡；往廣大菩提心智無盡；住一切佛法一切智願力智無盡。智金剛尊者供養諸佛、受持佛法、度救衆生，是功德極大的菩薩。

義成就尊者

義成就尊者，即一切義成就菩薩，爲佛祖之幼名，此指菩薩已得到佛陀般的智慧與神通。《佛名經》將其列爲衆生應當禮敬、懺悔的十方諸大菩薩之一。

一切義成就，本指佛陀經三無數劫修行，坐於色究竟天金剛座而證無上菩提，住於空觀而作佛果圓滿之思。然猶未見自心之本性，所以遍空之諸佛皆來會集。驚覺之使自禪定起，授互相之觀門，使得五智圓滿之佛果。尊者已得到佛陀那樣的智慧和神通，可助衆生獲得覺悟和解脫。受持並念誦尊者名號，可使衆生獲得覺悟，得現世安穩，於未來世則可獲無上菩提。

納吉祥

五百羅漢第四四九尊

善住義尊者，原爲忉利天諸天之子。善住，本爲安定，安住之意。

相傳，尊者原爲忉利天諸天之子，儀仗勝過王者，不敬佛法，而且做了一些有損天下人民之事。在他命終前第七天，問卦於相師，得知自己將來七次轉生爲畜生，第八次轉生墮入地獄，恐怖不可言狀，前去求救於帝釋天，帝釋天無能爲力，便前往祇園精舍求救於釋迦牟尼。佛祖講説「佛頂尊勝陀羅尼真言」，讓帝釋天轉告善住天子，誦念此咒可以延續壽命。帝釋天急急轉歸忉利天，教善住誦念真言。釋尊憐憫善住天子及天下衆生墮入惡趣，便入除障禪定三摩地，瞬時佛身放光，大地發生六種震動，善住及其他隨惡道衆生的罪惡皆悉滅除。善住天子從此誠心禮佛，多做善事，終獲羅漢果位。

信澄尊者，佛之弟子。

尊者於佛、法、僧三寶皆堅信不疑，内心澄净如水，除了對佛法的信仰尊崇外，别無其他任何思考，專一修習禪定，證得阿羅漢果。

五百羅漢第四五〇尊

五百羅漢第四五一尊

行敬端尊者

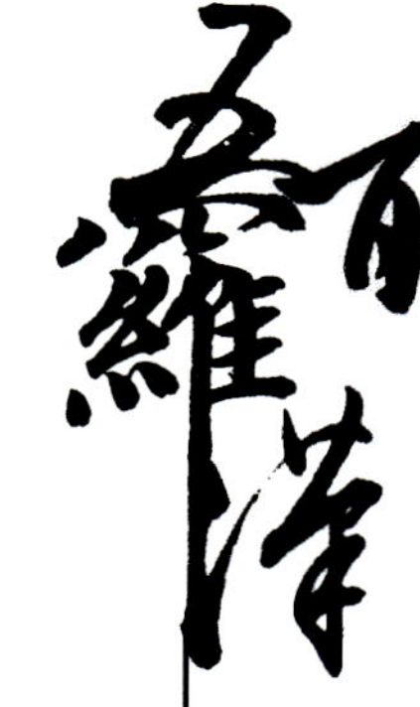

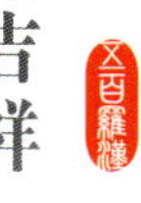

行敬端尊者，又名敬端行，原爲富貴明士。

尊者不以富貴自居，時時處處約束自己，遠離衣食欲樂之物。飲食不求甘美，衹需裹腹便可；穿著不追求衣冠的華麗，衹需整潔便可；夫妻不追求欲愛，衹求和睦便可；耳不聽六患五蔽的誘惑，心中没有對財寶的貪求，唯獨遵循佛教的戒律。據《佛説成具光明定意經》記載，佛祖在迦維羅衛國精舍中居住時，曾找來天下明士八十億萬二千人，行敬端明士亦在此列。佛祖施展神通力，諸明士皆身坐蓮花座昇於虚空，於空中聽佛説法。從此尊者絶弃世俗，清除煩惱，證得阿羅漢果位。

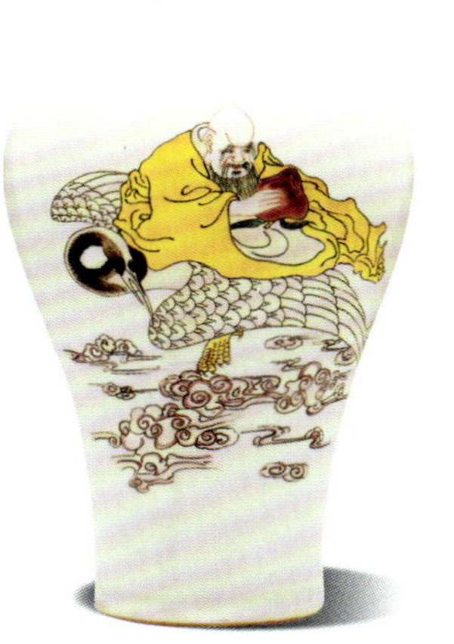

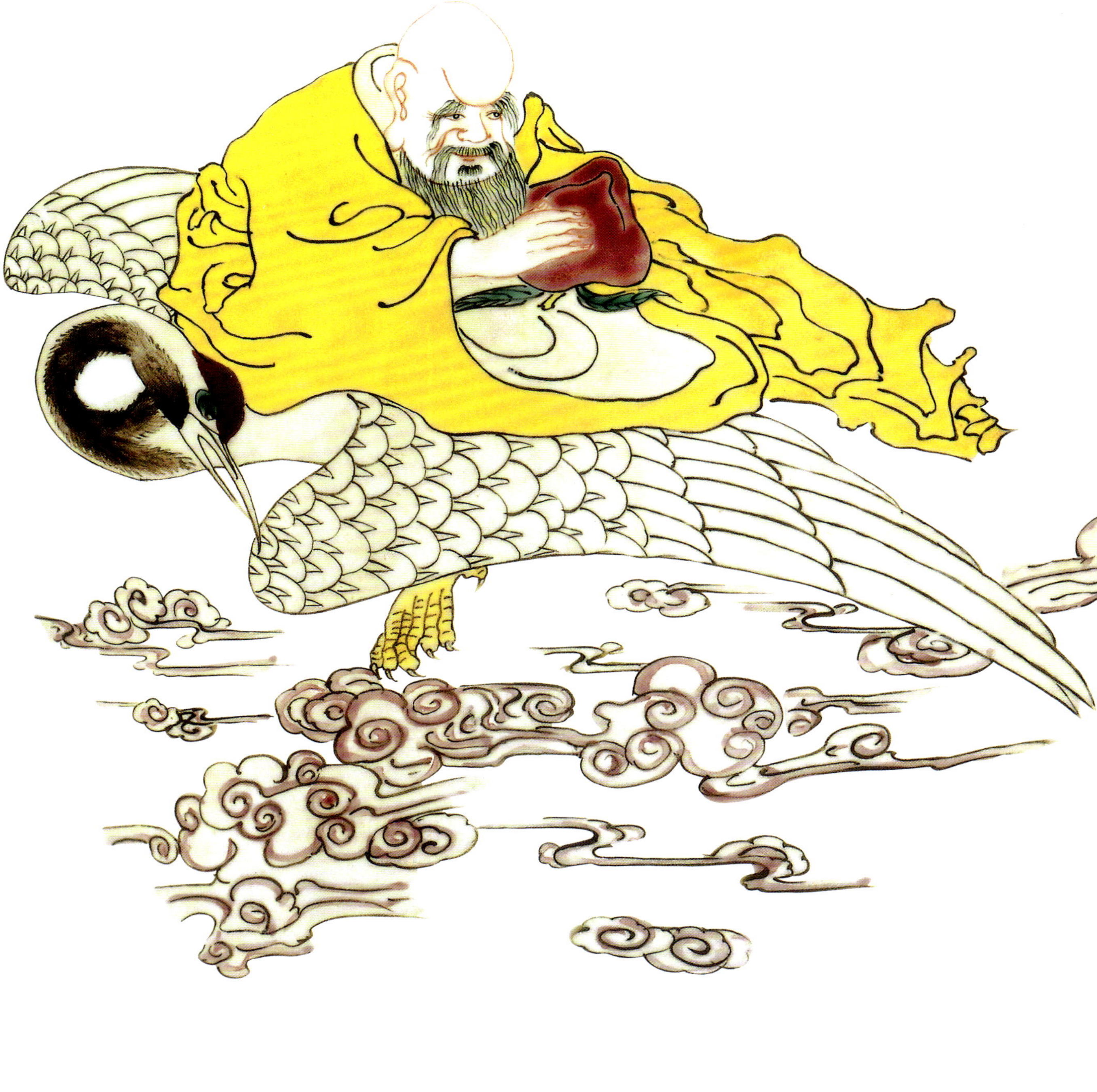

德普治尊者

德普治尊者，爲明士。

據《佛説成具光明定意經》記載，佛陀釋迦牟尼住在迦維羅衛國精舍，一天早晨預知將有人前來請教佛法精要，遂命阿難邀請諸明士、除惡衆、無着、履迹四類人衆前來聽法，德普治即是前來聽講的諸明士中的一員。德普治尊者堅定不移地遵循衆戒，破貪、嗔、痴三毒；誑、諂、憍、惱、恨、害六惑；色、受、想、行、識五蘊。心清口净，如月之明，如花之香，終證得阿羅漢果。

粉彩瓶

五百羅漢第四五三尊

師子作尊者

師子作尊者，即師子作菩薩。

據《大方便佛報恩經》卷一記載，尊者久植德本，曾游訪十方世界大菩薩及一切諸佛，誓願圓滿，通達一切禪定及陀羅尼真言；大慈大悲饒益衆生，願作衆生的朋友，導化衆生到達智慧彼岸，紹隆三寶，使佛法永不斷绝。師子作菩薩已具備如來十力，即：一、知覺處非處智力；二、知三世業報智力；三、知諸禪三昧智力；四、知八解脱三昧智力；五、知種種解智力；六、知種種界智力；七、知一切至所道智力；八、知天眼無礙智力；九、知宿命無漏智力；十、知永斷習氣智力。以上如來十力，衹有功德無量的菩薩才能具備。

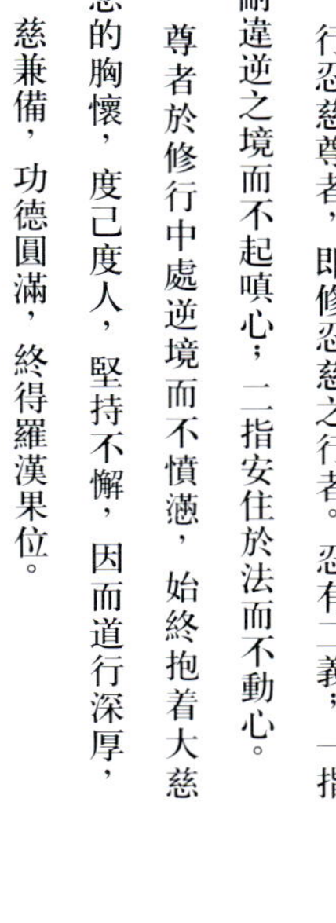

行忍慈尊者

行忍慈尊者，即修忍慈之行者。忍有二義：一指忍耐違逆之境而不起嗔心；二指安住於法而不動心。

尊者於修行中處逆境而不憤懣，始終抱着大慈大悲的胸懷，度己度人，堅持不懈，因而道行深厚，忍、慈兼備，功德圓滿，終得羅漢果位。

五百羅漢第四五四尊

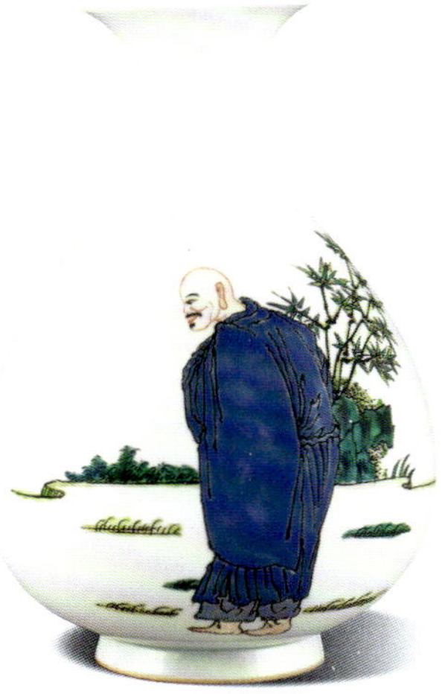

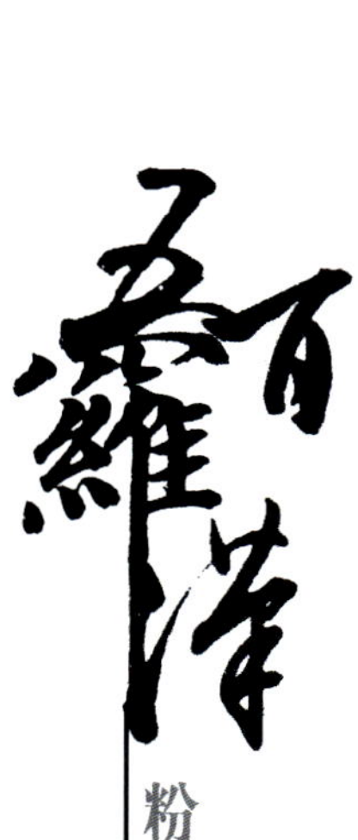

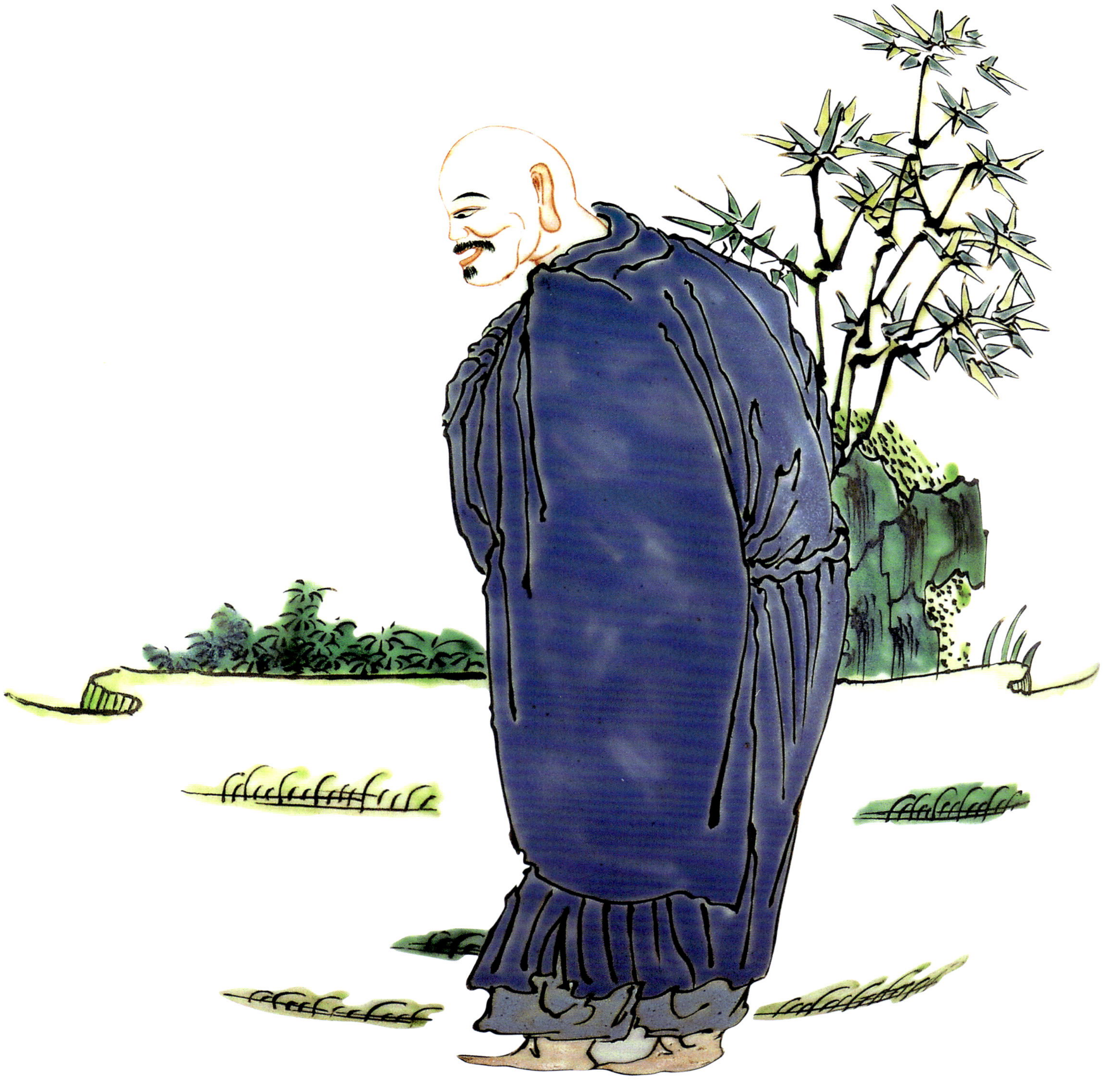

無相空尊者

無相空尊者，唐代名僧。新羅國(朝鮮)王子，俗姓金，法號無相，又稱金和尚。

尊者少年出家爲僧，唐玄宗開元十六年（公元728年）來中國。遊行巡訪，徒步入蜀，拜資州德純寺處寂大和尚爲師，學得黃梅禪法。之後潛入資州深溪山中修頭陀行，身穿百衲衣，乞食度日，每天衹在午前進食一次，然後到空曠的山林中修禪。結束頭陀行後，於成都浄衆寺開法，講説佛法二十餘年，蜀中百姓敬之若聖。天寶末年，玄宗避亂入蜀，召見無相尊者，禮遇隆重，賞賜豐厚，非常人所能比擬。天寶元年（公元762年）五月，無相尊者圓寂，壽年七十九歲。

勇精進尊者

勇精進尊者，即勇猛精進菩薩。

據《佛說如來不思議秘密大乘經》卷一記載，該菩薩曾從遠方特地趕到王舍城鷲峰山聆聽釋迦牟尼演說妙法。勇猛精進菩薩在無數劫中勤苦修行，積集最高菩提道行，其心平等，猶如天空一樣廣大無邊。勇猛精進菩薩已修成金剛不壞之身，演說佛法如獅子吼，震撼衆生心靈。他身放光明，映蔽日月，使衆生在佛法靈光照耀下，盡皆走上解脫之路。

勝清净尊者

勝清净尊者，佛名，已獲得佛陀果位。

相傳此佛大慈大悲，能利益衆生。違反戒律的修行者，無論出家或在家，應燒名香，供清水，合掌長跪，身穿潔净衣服，心懷慚愧。猶如病者求取良醫，連續七天參禮勝清净佛，罪惡便可消除。據《觀虛空藏菩薩經》載，犯戒律者還可以祈禱大虛空藏菩薩，誠心懺悔，虛空藏菩薩頭頂上的如意寶珠内便呈現出勝清净佛的莊嚴相，觸犯戒律者的罪惡同樣可以獲得豁免。

粉彩瓶

五百羅漢第四五八尊

有性空尊者

有性空尊者，佛之弟子。有性是指有出離解脫之性，亦即有佛性，與闡提之爲無性相對。空有二義，一指理體之空寂，一指因緣所生之法究竟而無實體。

尊者自性本來清淨，天生具有向佛求道之心，出家之後，修行又極刻苦，使自性清淨心更爲純潔，最終識得三空（我空、法空、我法俱空），得解脫門，證阿羅漢果。

净那羅尊者，古印度室羅伐悉底國人，生於釋尊在世時。

尊者少時不幸身患瘦疾，度日如年，獨居陋室之中，得不到應有的照顧。據《大毗婆沙論》載，佛祖聞知，親自探視。尊者即言自己「身患瘦疾，懶得去看病，故長久不愈。因爲性情懶惰，所以被歧視，没人與我同住，更没人照顧我。」佛陀安慰他說：「善男子，今天我來照顧你。」佛祖用手撫摸患處，瘦病即除，還替他沐浴更衣，鼓勵他繼續努力。此後，尊者精神振奮，努力學佛，終獲正果。

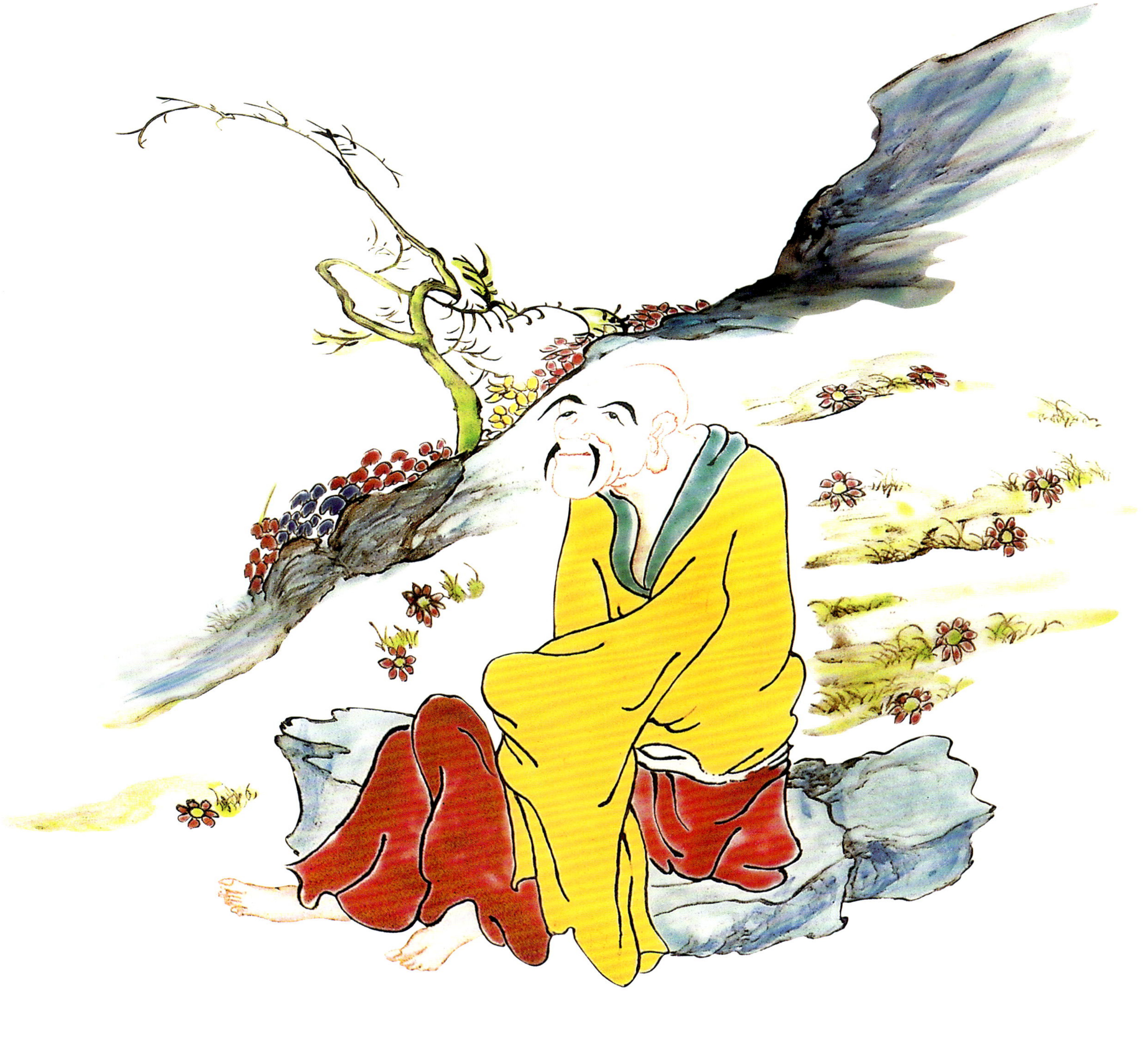

法自在尊者

法自在尊者，即法自在菩薩。法自在，謂菩薩示現無量無邊之法門。

據《十往生經》、《觀念法門》等書説，如果衆生一心專念阿彌陀佛，願往生極樂世界，阿彌陀佛便會派遣法自在等二十五位大菩薩前來保護，不受惡神惡鬼擾亂，日夜常得安穩。又據《維摩詰所説經》、《説無垢經》記載，法自在菩薩曾就何謂入不二法門問題發表如下看法：「生滅爲二，法本不生，今則不滅，得此無生法忍，是爲入不二法門。」尊者精通佛法奧義，極有辯才，並熱心向大衆弘傳佛法，度無量衆生。

粉彩瓶

師子頻尊者，即師子頻王。師子頻，爲北印度迦毗羅衛國之王，乃佛陀之祖父。

尊者原爲古印度迦毗羅衛國國王，勤於政事，愛護臣民，域内大治，人民幸福，他生有四子一女，其長子即佛祖之父净飯王，繼承王位，其他三子分封各處，分別稱白飯王、斛飯王、甘露飯王。净飯王生子名喬達摩・悉達多，即今之佛祖。師子頻尊者是釋尊的祖父。

五百羅漢第四六一尊

大賢光尊者，即賢光菩薩，賢劫十六尊之西方四尊之一賢護，密號護巧金剛、離垢金剛。居西方阿彌陀世界，爲阿彌陀佛前之智慧弟子。

據《阿彌陀鼓音聲王陀羅尼經》載，阿彌陀佛世界叢林茂盛，鮮花盛開，音樂優雅，大地皆爲黃金，七寶蓮花從地中自然涌出，是西方樂土。衆生衹要時常念阿彌陀佛名號，臨終時，阿彌陀佛會率領賢光等菩薩來到此人住所，顯現其身，使人心生歡喜，功德倍增，昇往净土。

五百羅漢第四六三尊

摩訶羅尊者

摩訶羅尊者，佛之弟子。

比丘，梵語bhiksu的音譯，一般意譯爲「乞士」，俗稱「和尚」。佛家指年滿二十歲，受過具足戒的男性出家人。比丘的具足戒共有二百五十條，其生活形態是：須遵守一定的戒律，護持三衣一鉢，乞食自活，住於阿蘭若處，少欲知足，離諸世俗煩惱，精進修道，以期證得涅槃。

據《毗奈耶離雜事》所記，尊者摩訶羅爲一老比丘，性情憨厚，不拘小節，爲童蒙所喜愛。

音調敏尊者，或即普調敏。

佛於娑婆國土以音聲作佛事，而僧衆都是以演説佛法來教化衆生的，因爲此土之人耳根利，故云。據《佛説成具光明定意經》載，佛祖行化暫止於迦維羅衛國精舍，一天早晨，他預知有人要來請教佛法妙義，便命阿難把尊者等諸明士、除惡衆、無著、履迹四類人請來聽法。尊者佛法嫻熟，德行崇高，聲音敏鋭明白，衆生樂於聆聽，受益匪淺。尊者破除了三毒六惑五蘊，修成殊勝之行，證得阿羅漢果。

五百羅漢第四六五尊

師子臆尊者，即師子胸臆，摩睺羅伽王之一。

據《大乘本生心地觀經》卷一載，佛祖在王舍城耆闍崛山中講法，四方大衆前來聽經，其中有比丘、菩薩、欲天子、色界天子、諸大龍王、藥義神、乾闥婆王、阿修羅王、迦樓羅王、緊那羅王、摩睺羅伽王、轉輪聖王和大國王十六人及諸國百姓等無數之衆。此外，還有無數諸外道，無數餓鬼，無數禽獸王，及十方閻魔羅王，尊者爲摩睺羅伽王九萬八千大衆之一。佛祖坐在蓮花師子座上爲衆講法，尊者及其他弟子洗耳恭聽。他神通善巧，有數十萬弟子爲眷屬，能够教化諸衆生永遠斷離性愛，盡享無量清净樂趣。

壞魔軍尊者

壞魔軍尊者，即壞魔菩薩。魔軍，即惡魔之軍兵，此指一切有礙佛道的惡事，該菩薩爲衆生應當禮敬的菩薩之一。

相傳釋迦牟尼在菩提樹下證道時，第六天魔王率領眷屬前來，企圖阻礙佛陀成道，結果皆被佛陀以神力降伏。後來，佛教將一切有礙佛道的惡事都稱爲魔軍。壞魔軍尊者通過長期修行，已得大智慧力，其功德已可破一切魔軍，正如《智度論》卷五所說：「我以智慧箭，修定智慧力，催破汝魔軍。」壞魔軍尊者以慈悲爲懷，熱心護持修習佛法之衆生不爲諸魔軍所侵擾。

五百羅漢第四六六尊

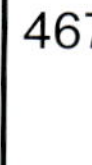

五百羅漢第四六七尊

分別身尊者，爲佛祖的分身佛。分身，指變化身。

相傳，佛祖有無數分身，分住三千大千世界教化衆生。一日佛祖告訴弟子目犍連，你去須彌山頂，鳴鐘召集我的各處分身。寶鐘響時，釋尊身放光明，大地震動，諸分身佛雲集一處。據《法苑珠林》卷十二載，佛祖與諸分身佛合掌向一寶塔行禮，觀門自開，普賢菩薩吹響佛祖的黃金螺號，使塔内入於滅定的六比丘出定。比丘對衆佛說：「拘留佛涅槃前將經、像存於此塔，令我等看守。拘留佛當時預言，釋迦牟尼佛出世時佛法大興，釋迦牟尼涅槃後當結集三藏。現請諸佛各取一本，待釋迦牟尼佛涅槃後結集三藏之用。」分別身及諸分身佛各取佛經一本，帶回本土。佛祖涅槃後，迦葉結集三藏，將拘留佛存放的佛經聚於一處，又匯入釋尊諸法，使之流傳世間。

五百羅漢第四六八尊

净解脱尊者，即净解菩薩。解脱，即解惑業之束縛，脱三界之苦果，得大自在。

佛教認爲，人性本清净，衹爲諸煩惱所惑，自性不能顯露，必須將各種惑障鏟除，才能得解脱自在。净解脱尊者已達到此種功德。《維摩詰經》卷下記載，當維摩詰向諸位菩薩詢問他們所樂不二法門時，净解菩薩回答說：「此有數、此無數爲二，若離一切數，則道與空等，意都已解無所著者，是不二入。」

質直行尊者，古西域屈支國國王之弟。質直，指正直之心。

屈支王也尊崇佛教，要遠遊印度，觀禮佛教聖跡，決心將軍政大事暫交質直行管理。質直行受命後，爲防止心生異意，私下自我閹割，將陽器密封在金匣內，交國王隨身帶走，待回國後開視。屈支王出遊數年，回國後有人誣告質直行淫亂中宮，國王震怒，下令將質直行斬首。質直行請國王開視金匣，事實大白於天下，兄弟親密如初。有一牧人要閹割五百頭公牛，質直行引類增懷，自念：我今形殘，乃前世宿業報果，可贖牛減罪。於是將五百頭公牛買下，由於慈善感應，漸漸恢復男子特徵。尊者行樸意直，受到上至國王、大臣，下至國民的敬仰，獲羅漢果位。

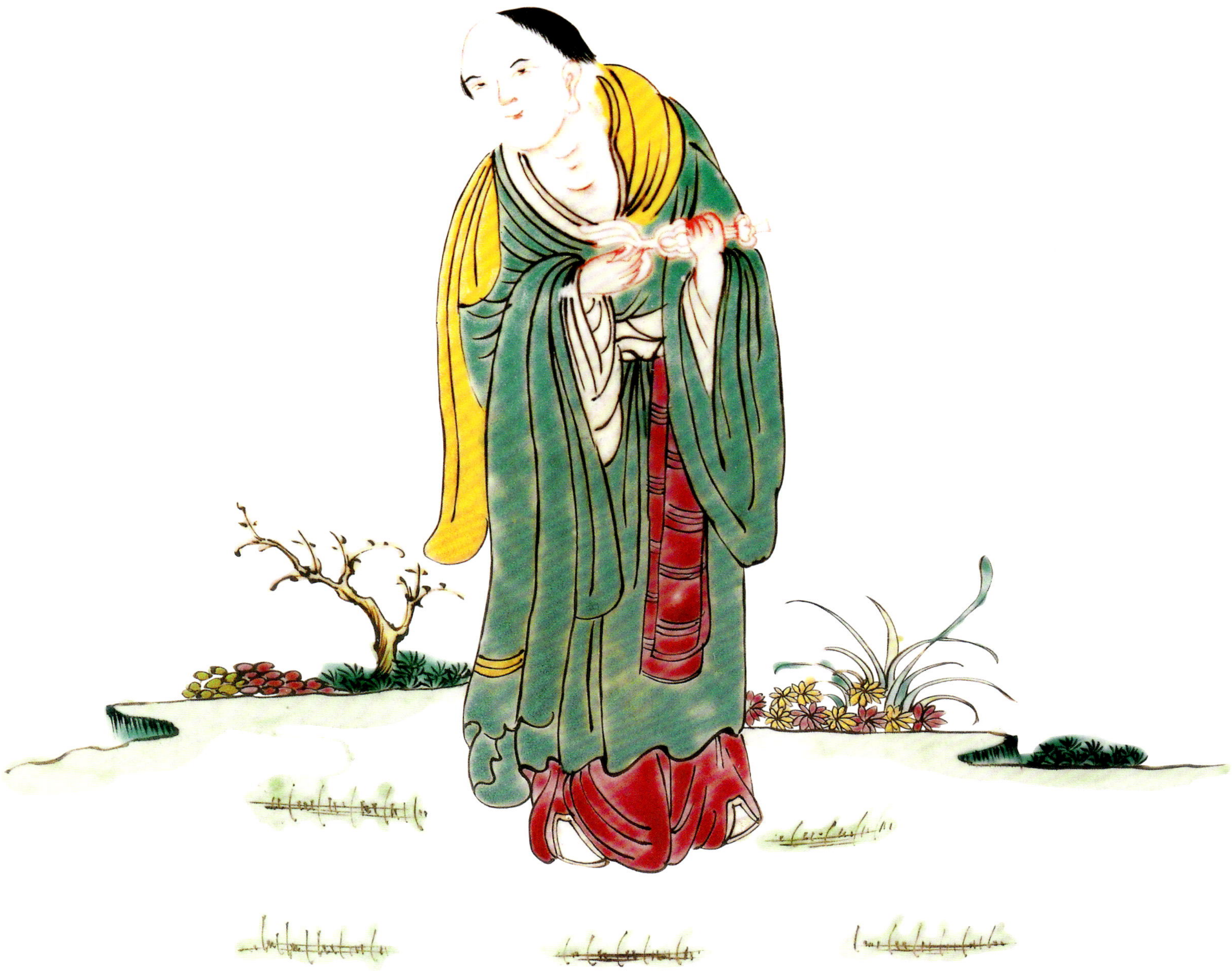

粉彩瓶

470

智仁慈尊者

智仁慈尊者，佛之弟子。

據佛教經典所釋：智，爲對事理能決斷；仁，即仁愛之心腸；慈，即助人爲樂之行爲，三者都是佛教的重要訓條。尊者俱備智、仁、慈三種德行，心已證悟，得大智慧永享法界之怡樂，並憑藉所得智慧濟助衆生開悟，走向净土。

五百羅漢第四七一尊

俱足儀尊者，即羅睺羅，佛祖的親子。爲佛祖十大弟子之一，列十六羅漢之第十一位。

相傳，悉達多太子的夫人懷羅睺羅後，悉達多太子出家苦修。夫人思念丈夫修行的苦狀，寢食不安，身體羸弱，無力分娩。六年後，夫人得知釋迦牟尼已修成正果，心情愉快，很快恢復了體力，羅睺羅降生人世。羅睺羅十五歲時出家爲僧，剛出家時，其心性粗狂，調皮頑劣，經常戲弄別人，後來受到佛陀的嚴厲呵責，並嚴加管束，才逐步改過自新。並以能忍辱而著名。據《羅雲忍辱經》說，尊者在舍衛國時，曾經被一些輕薄者打得頭破血流，但他以慈心能忍，而受到佛的讚揚。尊者持密戒行，通曉佛教三千威儀、八萬細行等一切戒律，而且一絲不苟實行，人稱「密行第一」。因其勤於修行，嚴守戒律，後來成爲佛的十大弟子之一，並獲阿羅漢果。

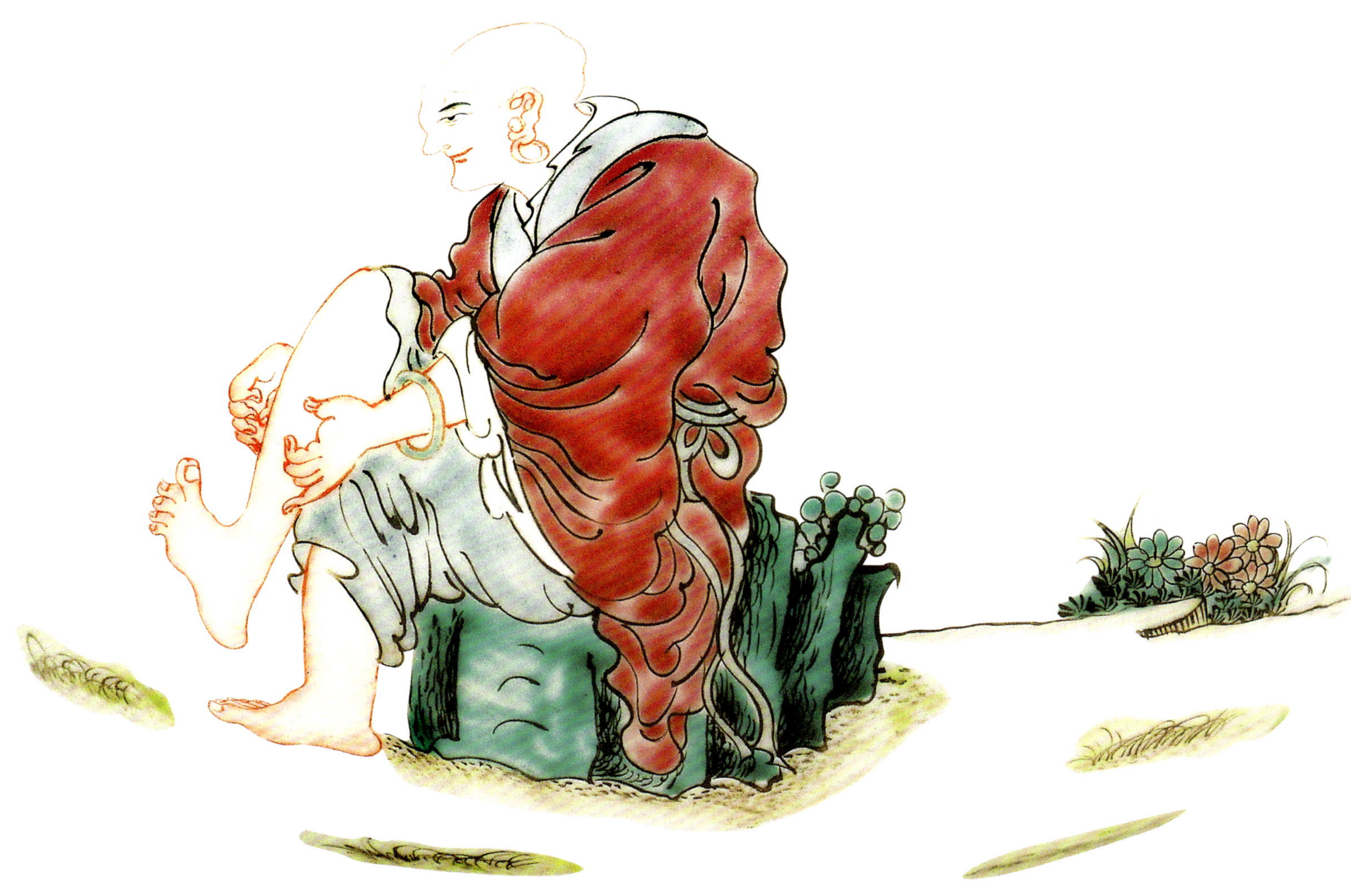

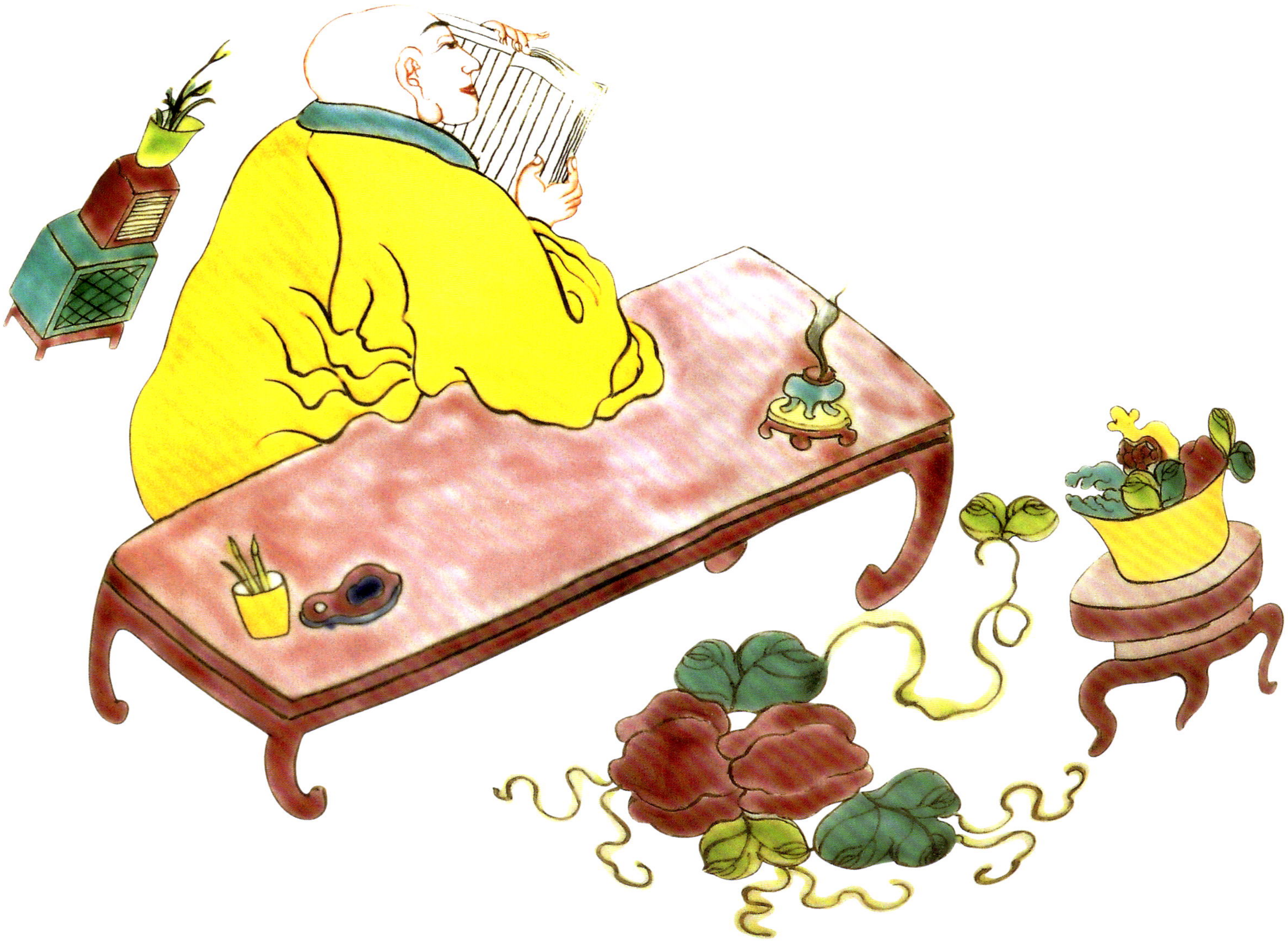

粉彩瓶

如意雜尊者，梵名末奴曷剌他，北印度著名佛教論師，世親菩薩之師。

據《大唐西域記》等書記載，尊者爲北印度健馱羅國人，於佛陀涅槃後一千年出世。少好學，有辯才，聲譽遠播，道俗歸仰。尊者居住在舍衛國弘揚佛法，並在健馱羅國编著了《毗婆沙論》，後來因舍衛國國王超日王相信外道，不信佛教，使尊者蒙受耻辱，斷舌而亡。

大熾妙尊者，即焰識藏菩薩。

尊者以其智慧昭昭，如火焰而得名。他身心清净，功德無量，恭敬供養諸佛，向諸佛廣學佛法。諸佛對他多方加持，據《十住經》卷一載，受佛的旨意，金剛藏菩薩向尊者等衆菩薩傳授了菩薩十地法，即：喜地、净地、明地、焰地、難勝地、現前地、深遠地、足動地、善慧地、法雲地。尊者受持後，心生歡喜，信受奉行。此後，其佛性有加，善根日漸深厚，終獲果位。

粉彩瓶

474

五百羅漢第四七四尊

劫賓那尊者，又作劫譬那。古印度橋薩羅國人，佛祖釋迦牟尼之弟子。

相傳，尊者能知星宿，被衆僧推爲第一。釋迦牟尼知其根性成熟，變化身爲一名老比丘，到僧房中與他一同居住。在這天夜間，劫賓那受到釋迦牟尼點化，因而得道。劫賓那對佛虔誠，意力很强，時時不忘修習，恪守釋迦牟尼之教誡，並向小乘佛教衆弟子傳授佛教教義，修得正果。

五百羅漢第四七五尊

普焰光尊者

普焰光尊者，又稱焰光菩薩。

據《大方廣佛華嚴經》卷六十記載，尊者曾在室羅伐國逝多林給孤獨園聽佛祖講經，已具備了普賢菩薩的行願，能凌空來往於各佛國，供養禮敬諸佛，親聆其教誨。曾觀禮諸佛成道的現場，從中領悟佛教的真諦。在諸佛的指引下，刻苦修行，具備神通變化，智慧無量，如同巨大火炬光焰四射，普照法海。他辯才雄銳，令外道折服，萬衆皈依。

高逸行尊者，即高逸菩薩。

據《佛說成具光明定意經》記載，佛祖釋迦牟尼在迦維羅衛國精舍，一日早晨預知有人要來向他請教無上妙法，便讓阿難遍請諸明士、除惡衆、無著、履迹四類人前來聽法。高逸行尊者原爲迦維羅衛城的一位明士，此次也爲前來聽講衆明士中的一員。他遵守戒律，破除了五蘊三毒六惑，口净心清，明心見性，獲羅漢果位。

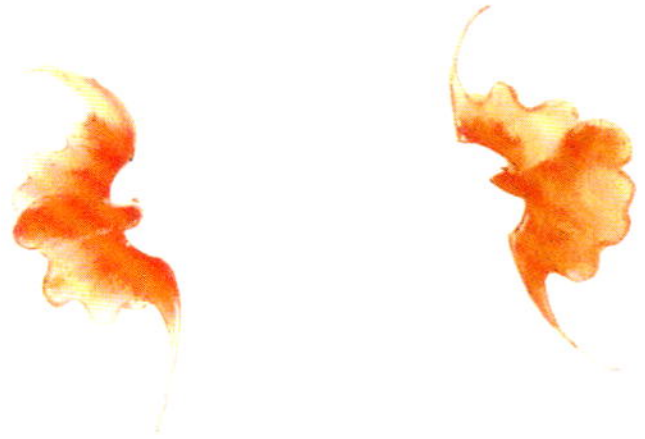

五百羅漢第四七六尊

得佛智尊者，即宋代名僧端裕，祖籍會稽(江蘇吳縣)，俗姓錢。

尊者十四歲出家，拜臨安(杭州)净慈寺名僧師一爲師，之後就教於當時的名僧清遠、守卓、景祥等，最後投到圓悟禪師克勤門下，在克勤的點化下，學識大進，心智豁然，得無礙佛智，演説種種經典能隨意發揮且符合經義，深受克勤大師的器重，受命管理寺中教務。端裕離開克勤大師，前往丹霞山廣濟寺居座講法，一鳴驚天下，受到四方僧俗的敬仰。之後，端裕大師講法於虎丘寺、經山寺、萬壽寺，靈隱寺。紹興十八年(公元1148年)，南宋高宗賜給他金蘭衣一領，賜號「佛智大尊者」，紹興二十年十月圓寂，謚號「大悟」。

寂靜行尊者

寂静行尊者，佛之弟子。所謂寂静行，爲求涅槃寂静之行法。

據《探玄記》卷五記載：「寂静行有三義：一以被二乘修離生死喧雜行故；二令修證人空寂静行故；三無餘涅槃名寂静，修彼名行。」總而言之，離煩惱曰寂，絶苦患曰静。佛教認爲有二種寂静，一謂身寂静，即捨家弃欲，閑居静處，遠離情鬧，身之諸惡行一切不做；二謂心寂静，即遠離貪、瞋、亂，意之諸惡行一切不做。尊者不僅修習到身之寂静，且已達到了心之寂静的境界。

悟真常尊者

悟真常尊者，唐代新羅國(朝鮮)人，法號悟真。

尊者少年時即來中國研習佛學知識，與他同來中國的還有惠日等人。長居於長安大寺，以學密宗《大毗盧遮那經》及諸尊持念教法爲主，學識廣博，是當時的名僧之一。悟真曾遊訪大江南北，遍訪高僧大德，增益學行。爲了進一步研究佛法，於唐德宗貞元五年(公元789年)前往中天竺，求得珍本《大毗盧遮那經》及《梵夾余經》，於歸國途中圓寂於西藏地區。悟真常尊者勤學不倦，常求不捨的品德，受到廣大僧俗的仰慕。

破冤賊尊者，佛之弟子。

佛教主張，信奉佛法者，應心地慈悲，冤親平等，在這裏，「冤」指怨家；「親」指親人。若氣量狹小，對恩怨斤斤計較，乃心中之迷障，爲佛法之大賊，定會爲其所誤，精神境界難以提高。尊者氣度宏大，破除了恩怨計較之賊障，發大慈悲心，即便是原來的冤家對頭，也和親朋好友一視同仁，悉予度脫，因而證得正果。

粉彩瓶

480

滅惡趣尊者

滅惡趣尊者，即滅惡趣菩薩、除障金剛，賢劫十六尊之東方四尊之一。

佛教認爲，世間衆生若不奉佛法，或信奉佛教而功德不足，依然不能獲得解脱，仍要輪回生死。由於因業不同，所以緣果各異，後世可能轉生入天道、人道、畜生道、惡鬼道、地獄道。尊者以能捨一切惡趣，並破滅之爲本誓，令衆生滅除罪惡。據説信奉此尊者可消除或減輕罪惡，使惡業深重的人，免除轉生入畜生道、餓鬼道，或墮入地獄。已轉生三惡趣的人，也能脱離苦難。

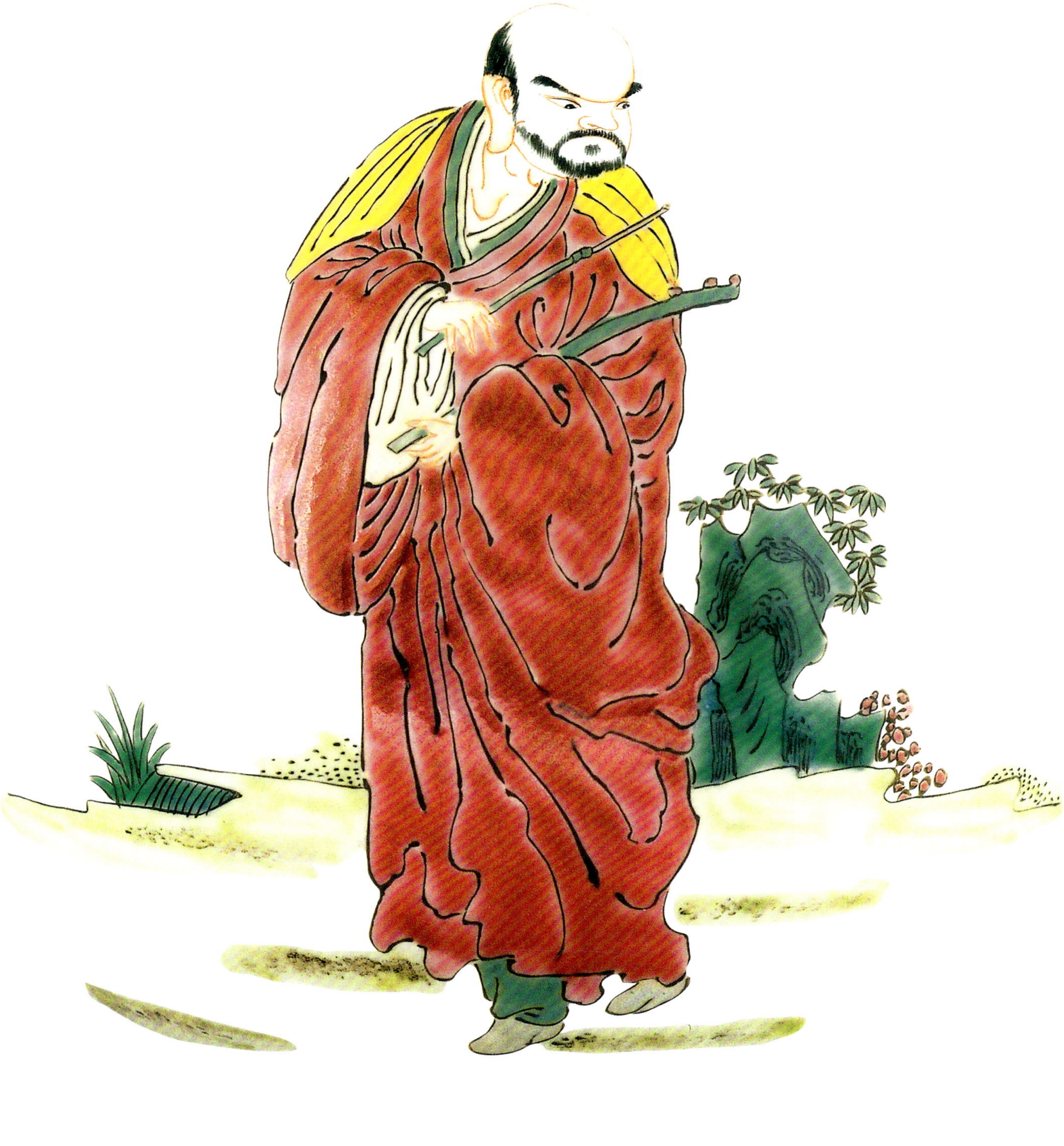

性海通尊者

性海通尊者，佛之弟子，因德行而得名。性海，又稱果海，指如來之法身，真如之理性，深廣如海。

尊者經過長期禪定修行，悟得真如之理，破除了貪、嗔、痴等俗世種種煩惱之根源。他還努力爲衆生指點迷津，破衆生心中之魔亂迷惑。

五百羅漢第四八三尊

法通尊者，隋唐之際名僧，俗姓關，陝西人，係南屏興教法尊者第四代傳人。法通，通達一切法之事理而無所不知之義。

尊者少小離俗爲僧，初入寺院，體弱多病，弱不經風，乃祈禱觀世音菩薩，除病卻疾，體健力强。祈禱果然靈驗，成人後力大無窮，能負重五百斤健走如飛。隋代，西域進貢一名大力士，相撲角力，朝野無人能够取勝。隋帝命法通與力士較量，相見後，二人握手，力士力不能勝，痛疼呼號，甘拜下風。當時的著名壯士都稱法通爲「天力士」。法通雖然以大力聞名，然爲人慈善，從不以力欺人，深受衆人的尊敬，唐武德年間圓寂。尊者經過長期修行，已悟真如之理性，具備如來立法身，得阿羅漢果。

敏不息尊者

敏不息尊者，因德行得名。敏，即智。

尊者機根聰明鋒利，又勤於修習，已獲佛的智慧，有如江水川流不息，既斷煩惱，達於法空，破吾我之相，破一異之相，憐憫衆生不知是法空，一心欲拔苦得樂，便隨其意而拔苦興樂，永不止息，永不懈怠。

攝衆心尊者，即迦葉摩騰，又稱攝摩騰，中天竺人。

相傳漢明帝永平十年，明帝一日夜夢金人，次日問臣下，臣下告之此夢境預示西方有聖人臨世，於是萌生西去求佛之念，遂派遣郎中蔡愔、博士弟子秦景等出使天竺，尋訪佛法。恰逢摩騰東來，於是漢明帝特邀至洛陽，爲其建立白馬寺，此爲佛教史上著名的「漢明帝感夢求法」之故事。尊者通曉大小乘經典，威儀具足，常游各地教化衆生。並根據上述之故事譯出《四十二章經》一種，爲中原漢地佛教傳播的開始。此後，中國民衆信仰佛教，皈依三寶，誠心歸佛。

導大衆尊者，即導師菩薩。導師，即導大衆於佛道之人。

尊者即諸經論中通常列舉之十六位求正道之居士菩薩（即賢護、賓積、星德、帝天、水天、善力、大意、殊勝意、增意、善發意、不虛見、不休息、不少意、導師、日藏、持地等菩薩。）之一。爲憫念衆生在生死海中沉浮，其爲衆生說法開導，希望衆生都走上尋求菩提之路。他曾說：「若於墮邪道諸衆生等，生大悲心，令入正道，不求恩報，就是菩薩。」後來，尊者遍傳佛教，導化大衆，使佛之弟子增之無數，證得羅漢果位。

五百羅漢第四八六尊

五百羅漢第四八七尊

常隱行尊者

常隱行尊者，即隱身菩薩。

據《大方廣菩薩藏文殊尊者師利根本儀軌經》卷一載，尊者掌握了一切真言妙句及秘密灌頂印壇儀軌，能隱蔽身形，不令人見；能凌空飛行，入地潛行，毫無障礙；能降伏一切惡鬼兇神，令其不能侵擾衆生。祈禱尊者，可以增益智慧，使少年聰明、中年康健、老年長壽，息灾免禍，衆生圓滿。

菩薩慈尊者

菩薩慈尊者，佛之弟子。

佛教中，菩薩，意即求道求大覺之人、求道之大心人。指以智上求無上菩提，以悲下教化衆生，修諸波羅蜜行，於未來成就佛果之修行者，亦即自利利他二行圓滿、勇猛求菩提者。尊者「以智上求菩提，用悲下救衆生」。不僅自身獲無上正等正覺，而且以慈悲心利益衆生，終獲羅漢果位。

五百羅漢第四八八尊

拔衆苦尊者，即救脱菩薩，爲八大菩薩之第四。

尊者以救人病苦，脱離灾難而得名。據《灌頂經》記載，救脱菩薩曾授予衆生解除現世苦難的方法。若家中有人患病，長期卧床，痛疼煩惱，家人可在寺院燃燈祈禱，燈秆高四十九尺，燃燈七層，每層七盞，燈大如車輪，燈色五彩。同時還要在寺院樹立繼命神幡，幡杆高四十九尺，神幡五色。與此同時，燈幡的主人受持八禁（不殺生、不偷盗、不淫樂、不妄語、不飲酒、不坐高廣床、不著華衣、不自歌舞作樂、過中不食）七日，並延請僧衆於六時誦經，病即痊愈。據説信奉尊者有病者可以消除病痛，解除危厄，驅逐惡鬼，無病者能事事吉祥。

尋聲應尊者

尋聲應尊者，即觀世音菩薩。阿彌陀佛的左脅侍，西方三聖之一。

據佛教傳說，尊者爲大慈大悲的菩薩，能現三十三種化身，救十二種大難。降生日爲農曆二月十九，成道日爲農歷六月十九，涅槃日爲九月十九。善男信女有難，衹要一心稱念其名號，「菩薩即時觀其音聲」，「尋聲」往救，應急解脫，相傳浙江普陀山爲其顯靈說法的道場。

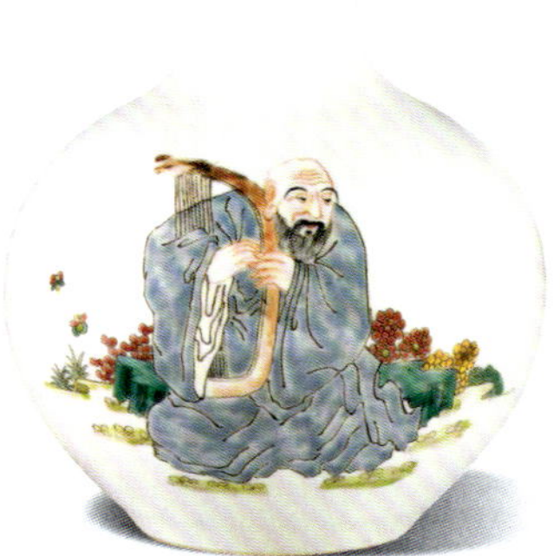

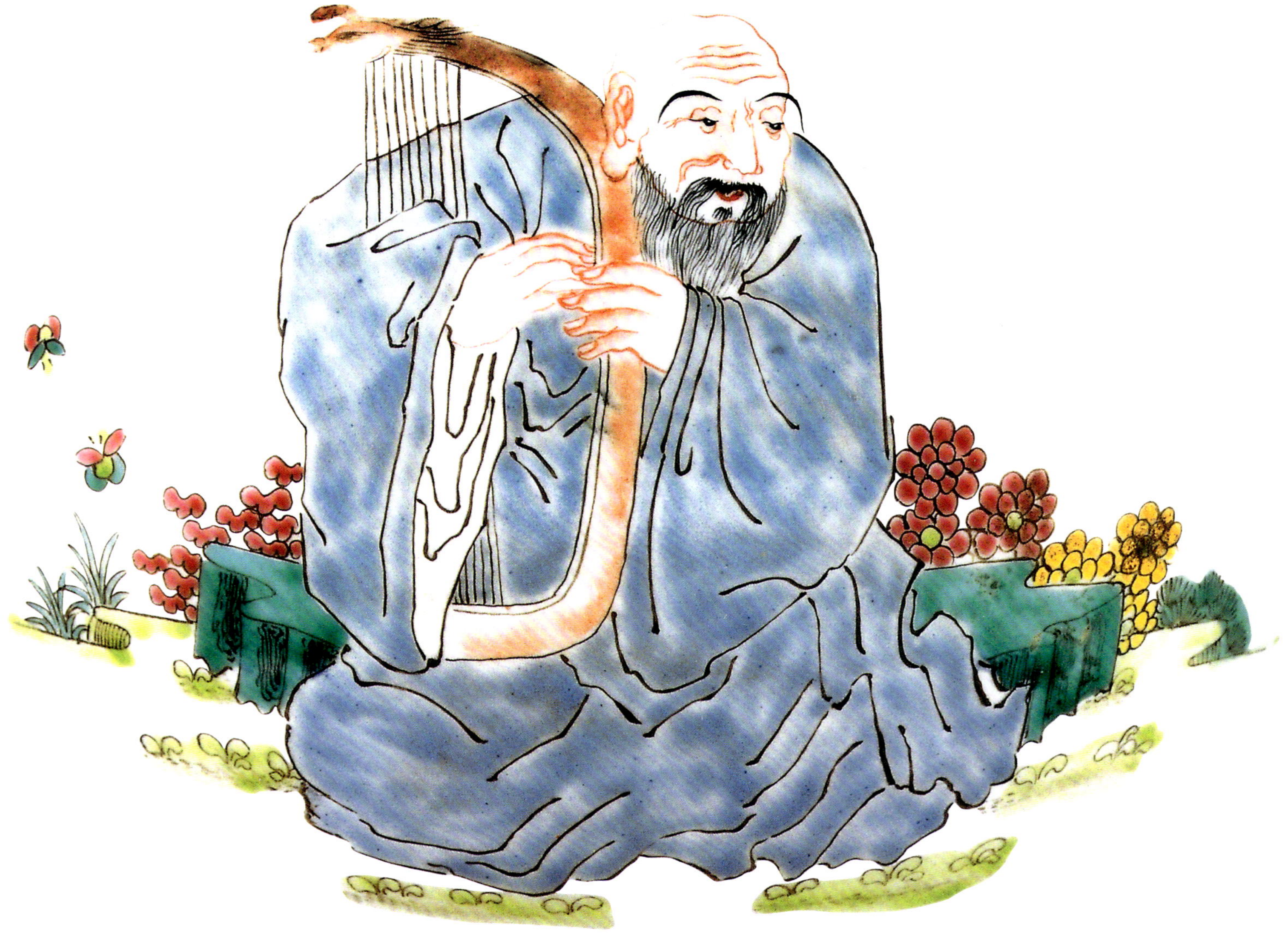

五百羅漢第四九〇尊

五百羅漢第四九一尊

數劫定尊者，佛之弟子。

尊者修習禪法，心思集於一境而不散亂，遠離世俗的垢染與遮蔽，且得益於諸聖賢的加持，因而摧破無明愚痴，大放智慧光明。他智慧廣大如大海盡匯江河之水，如須彌山高居群山之上，如火炬朗照昏昏永夜。能以無窮的智慧破除邪惡，散冥暗，導化衆生，普濟天下，因而得到正果。

注法水尊者，佛之弟子。在佛教典籍中，法水用來譬喻能洗煩惱之垢塵的妙法。

尊者是一位道行淵深，慈悲爲懷的高僧，爲衆生演説無上妙法，使佛法妙理如同雨水滋潤衆生乾枯的心田，以「慈悲清凉法水」「澍諸塵垢」。但若有人憍心自高，則法水不入，因而衆生必須虔心向佛，才能得法水之滋潤。

得定通尊者。得定，指三昧三解脫門，即空、無相、無作。

得定通尊者以修習「空」、「無相」、「無作」三種三昧而獲得了解脫。修空三昧，斷除了苦的因業，既無苦因，則無苦果，於俗塵諸業中無所造作，便消除了憂煩的困憂。修無相三昧，可遠離色、聲、香、味、觸等五法，男女二相及三有爲相。修無作三昧，身不染俗塵，可達到諸蘊盡、三火息、無衆患、脫衆災，於世間的利祿沉浮淡漠無緣。尊者修習三昧已通達無礙，出入自如，達到了無餘涅槃的功德，獲得了完全的解脫。

慧廣增尊者

慧廣增尊者，因德行而得名。慧在佛教中是指分別事理、决斷疑念的精神作用。

據《大乘義章》卷二十載：「慧者據行方便觀達名慧。就實以論，真心體明，自信無闇，目之爲慧。」在廣義上，慧也指智慧。在佛陀十大弟子中，尊者以「智慧第一」見稱。據説，舍利弗因不忍眼見佛祖入滅，遂先入涅槃。尊者如舍利弗一樣堅信佛法，刻苦修行，智慧通達，得大自在，爲衆生拔苦與樂。

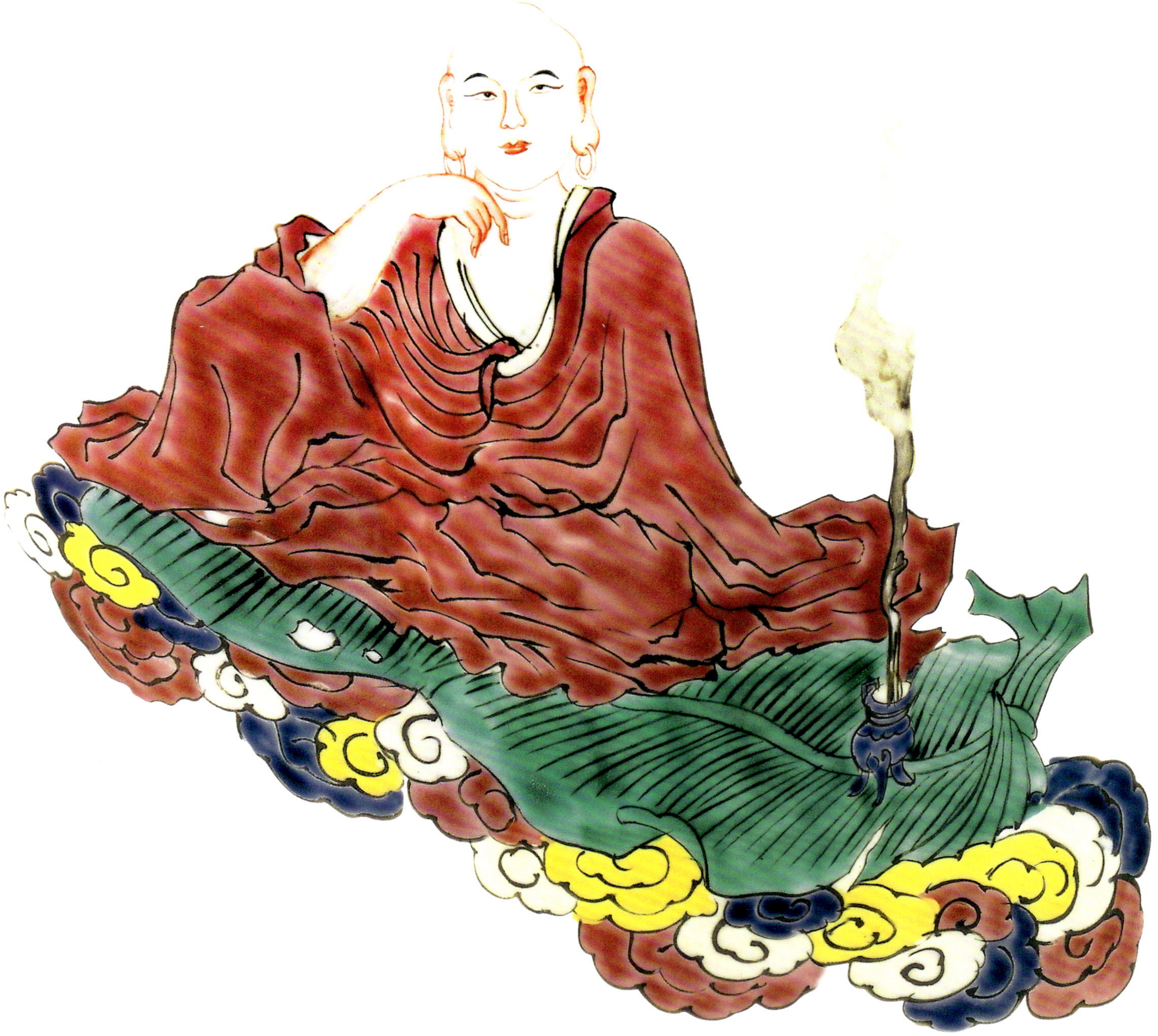

五百羅漢第四九五尊

六根净尊者

六根净尊者，又名毁根，獲菩薩果位。六根净，即眼、耳、鼻、舌、身、意等六根清净無雜，亦即指人之身心充滿種種功德而清净之意。

佛教認爲，六根爲世間四大所有，衆生通過六根可以見色、聞聲、嗅香、別味、知法。六根如果被世俗所困擾，則追逐虚榮、貪圖財利，終身被憂煩貪欲所纏繞。若六根清净，則眼觀三千大千世界内外所有山林河海，上至天神菩薩諸佛，下至阿鼻地獄，亦見一切衆生因果報應轉生輪回之苦。遠離世俗，向往净土，求得解脱。尊者消除了六根無始以來之罪垢，並以無量功德莊嚴之。他視衆生如赤子，願衆生不造惡業，獲得解脱，最終到達清净彼岸。

拔度羅尊者

拔度羅尊者，又作跋陀羅，爲十六羅漢之第六尊，因出生於跋陀羅樹下，故名。又因他曾由印度到爪哇島傳播佛教，因此又被稱爲「過江羅漢」，住耽没羅洲。

據説，釋迦牟尼因涅槃前，曾令十六羅漢永遠住持世間，濟度衆生。跋陀羅尊者爲救助衆生，常到衆生中間活動。據《大阿羅漢難提蜜多羅所説法住記》説，若善男女發殷净心，爲四方僧設大施會，或設五年無遮施會，或延請僧衆至自己家中設大福會，或前往寺院布施，將會給施主帶來極大福報。

五百羅漢第四九六尊

五百羅漢第四九七尊

思薩埵尊者

思薩埵尊者，爲佛祖前世身，以造作自心成佛性而獲正果。

相傳佛祖成佛前曾轉生無數世，世世造功德，最終才悟得正果。如他曾轉生爲王子，名薩埵，心性慈悲。一次，王子在深山林中見一母虎產七子而無奶，虎子七日未食，饑渴待斃。其見狀心生悲愴，決心以身飼虎，委身卧於虎旁，虎母畏懼薩埵王子的慈悲威力，退縮而不敢食。薩埵登上高山，投身而下，被山神接住，未曾傷損，薩埵用竹刺穿頸脉，血盡而亡。此時大地發生六種震動，天花飄落。餓虎見其已亡，舐血食肉，母子得救。思薩埵尊者以薩埵王子慈悲爲規範，利益衆生，功德圓滿，獲羅漢果位。

注茶迦尊者，爲十六羅漢中之看門羅漢。

相傳尊者原來是舍衛城婆羅門之子，半托迦(十六羅漢第十位)之弟。其禀性魯鈍，凡學習之教法，通過即忘，故時人稱之爲「愚路」。爲治其症，佛祖教示簡短之「拂塵除垢」一語，令其拂拭諸比丘之鞋履時反復念誦，逐漸除業障，某日忽然開悟而證得阿羅漢果。證悟後，具大神通，能示現各種形象，嘗現大神力爲六群比丘説法，並與其一千六百阿羅漢眷屬共住於持軸山，護持正法，饒益有情。他到人家化緣，因常用拳頭拍門以驚動屋内人出來布施，因而經常被責罵。後來，佛祖賜他一根錫杖，教他化緣時在人家門前摇動，人家聽到這聲音果然開門布施，這錫杖後來成爲和尚的禪杖。

五百羅漢第四九八尊

鉢利羅尊者，唐代印度高僧，音譯跋日羅菩提，譯作金剛智，指堅固不壞之智體，爲印度密教付法第五祖，中國密教初祖。

據説尊者是很久以前東方世界阿比羅提國的教主，曾侍奉大日如來，後受大日如來感化，修行成佛，在東方建立善快净土。尊者出身南印度婆羅門。十歲出家於那爛陀寺，二十歲受具足戒，精通三藏。三十一歲師從南印度龍智學習密教。繼善無畏東來之後三年，於唐開元七年（公元719年），携弟子不空由海中經錫蘭、蘇門答臘至廣州，建立大曼荼羅灌頂道場，化度四衆。唐開元八年，入洛陽、長安，從事密教經典之翻譯，並傳授灌頂之秘法。譯有《金剛頂經》、《瑜珈念誦法》、《觀自在瑜珈法》等八部十一卷。與善無畏、不空並稱「開元三大士」。唐開元二十一年本擬歸返印度，然因病示寂於洛陽廣福寺，葬於龍門，世壽七十一歲。

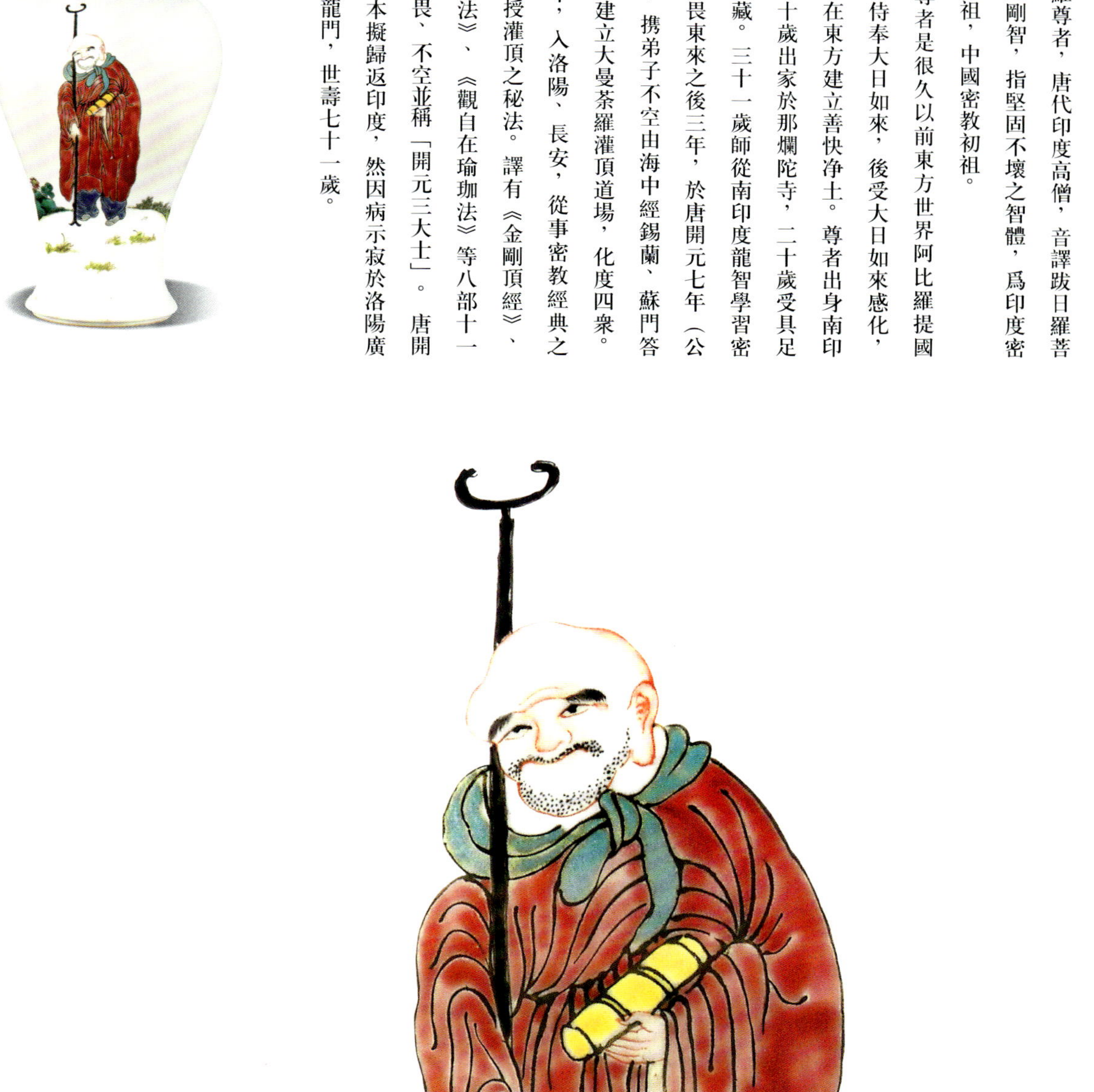

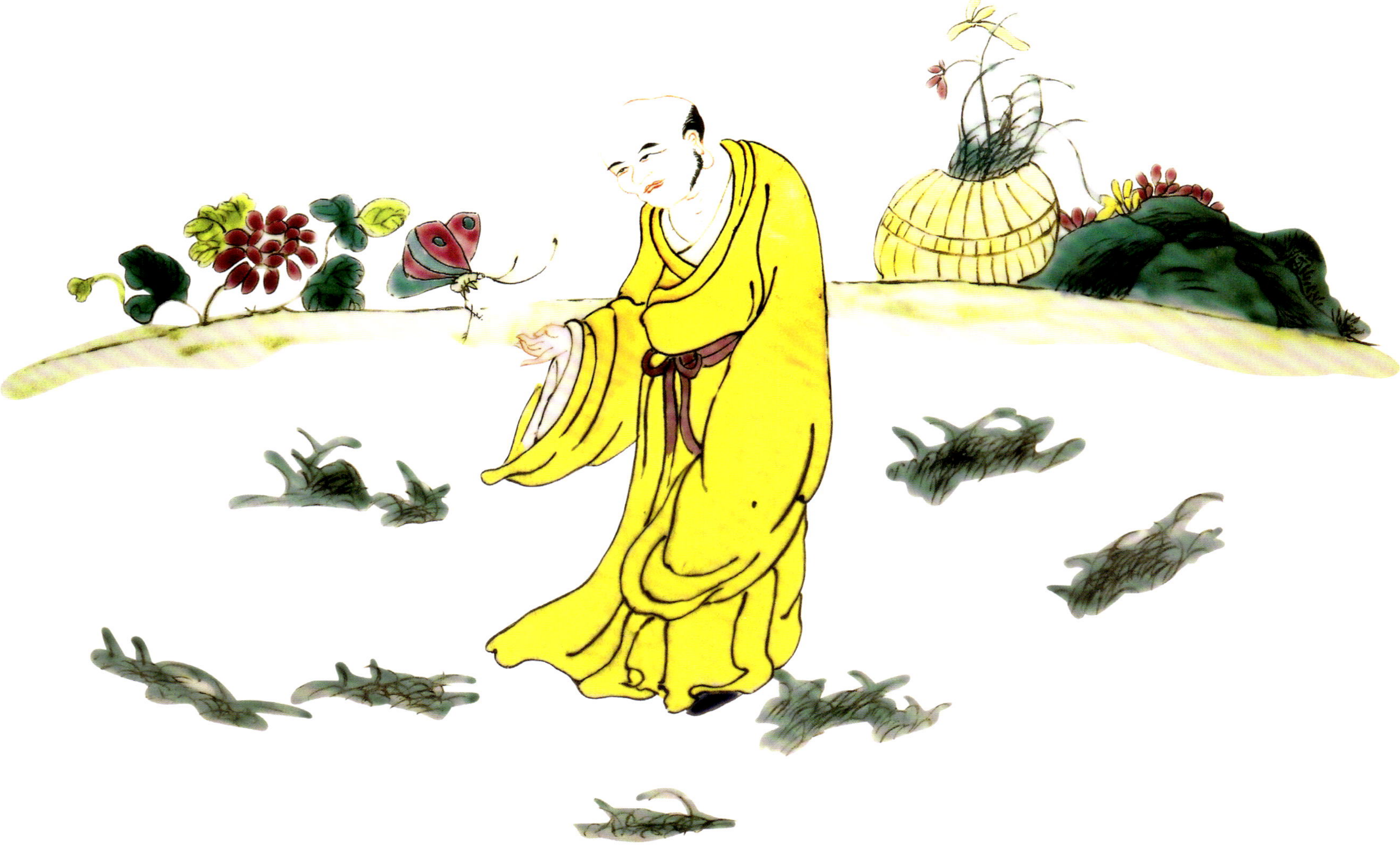

五百羅漢

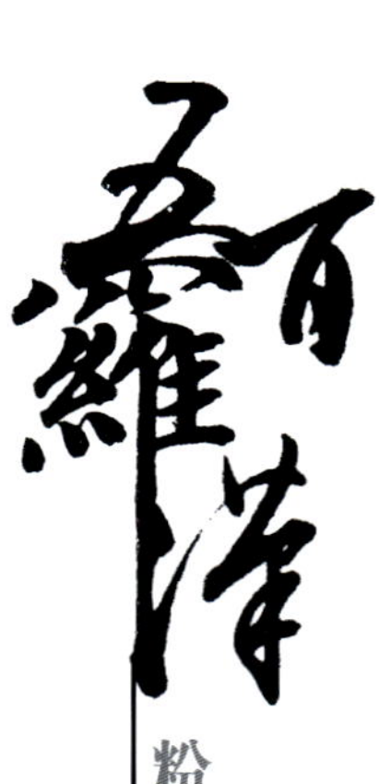

粉彩瓶

500

五百羅漢第五〇〇尊

願事衆尊者，佛之弟子。願，即誓願。衆，指一切衆生。

尊者已經歷過無數劫，他在無數佛所，精勤修行，功德圓滿，但他發下誓願，决不脱離世間，而是要永遠和尚未獲得解脱的衆生在一起，解除他們的煩惱和苦難，爲他們指點迷津，以走上通往佛國净土之路，因而深受衆生敬仰。

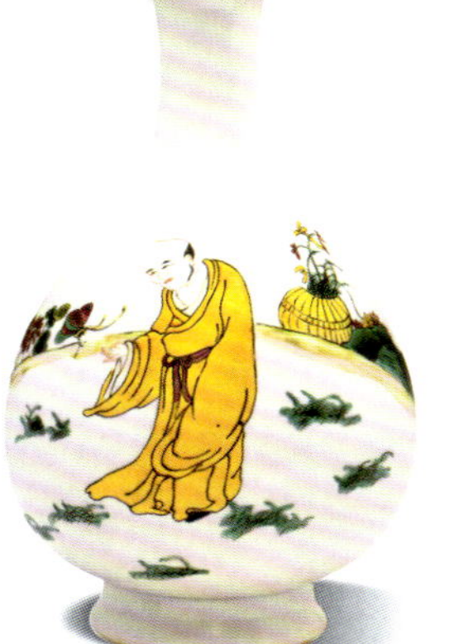